Lieblingsorte

48 Isola del Garda [B6]

Die im Besitz der Familie Borghese Cavazza befindliche Insel am Westufer des Sees lockt mit einer prachtvollen, im neugotischen venezianischen Stil erbauten Villa. Das winzige Eiland lässt sich im Rahmen von Führungen besichtigen, bei denen man auch die gepflegten Gärten der Anlage kennenlernt – Wein- und Olivenölprobe sowie Bootsfahrt zur Insel inklusive (s. S. 62).

015mg©Berg Andrey, stock.adobe.com

58 Grotte di Catullo (Grotten des Catull) [S. 144]

Das in Sirmione 55 entdeckte und von Archäologen freigelegte Anwesen hat wahrhaft gigantische Ausmaße. Die mehr als irreführende Bezeichnung „Grotten des Catull“ erhielt die größte römische Villa Norditaliens allerdings erst im 15. Jh. Das über 20.000 m² große, teils parkähnliche museale Gelände lässt sich im Rahmen eines aufschlussreichen Rundgangs besichtigen (s. S. 68).

033mg©Florian Sass, stock.adobe.com

63 Borghetto [D10]

Am Westufer des Flusses Mincio südöstlich des Gardasees etablierte sich schon vor vielen Jahrhunderten ein Mühlenviertel. Die alten Wasserräder, die Chiesa di San Marco aus dem 18. Jh., zahlreiche Restaurants und natürlich die 1393 erbaute Ponte Visconteo versprühen jede Menge Charme. Besucher können die romantische Atmosphäre in einem der Lokale auf sich wirken lassen (s. S. 76).

006mg-ts

78 Castello Scaligero di Malcesine [E3]

Die stolze Burg gelangte Ende des 13. Jh. für gut 100 Jahre in den Besitz der Scaliger und erfuhr in dieser Phase einen massiven Umbau. Am höchsten Punkt des Kastells erhebt sich der 31 m hohe Wehrturm. Der Turmaufstieg über die steilen Treppen wird mit einem traumhaften Blick über Malcesine 77 am Ostufer belohnt (s. S. 90).

035mg©SAndor, stock.adobe.com

FALTPLAN

»Schreiben Sie uns!

Wir hoffen, dass Ihnen dieser Reiseführer gefällt und er Ihnen ein guter Begleiter auf einer außergewöhnlichen und spannenden Reise ist.

Weil ein Reiseführer von Erfahrungen lebt, sind wir an Ihren Erlebnissen interessiert: Haben Sie im Buch ein Restaurant entdeckt, das es nicht mehr gibt, eine Sehenswürdigkeit, die wir noch nicht aufgeführt haben, oder eine falsche Adresse? Dann schreiben Sie uns!

Wir nehmen jeden Hinweis und jede Kritik ernst und arbeiten kontinuierlich daran, die Bücher aktuell zu halten und immer weiter zu verbessern. Auch wenn wir nicht jeden Wunsch erfüllen können, machen wir uns immer Gedanken über Ihre Anmerkungen.

Schreiben Sie an: info@reise-know-how.de oder Reise Know-How Verlag Peter Rump GmbH, Postfach 140666, 33626 Bielefeld

Wenn sich Ihre Infos direkt auf das Buch beziehen, bitten wir um die Angabe der Seitenzahl und der Auflagennummer bzw. des Erscheinungsjahres. Besonders hilfreiche Beiträge belohnen wir mit einem Sprachführer Ihrer Wahl aus unserer „Kauderwelsch"-Reihe.

Herzlichen Dank und gute Reisen
Ihr Reise Know-How Verlag

Diesem Buch wurde hier ein herausnehmbarer Faltplan beigefügt.
Sollte er beim Erwerb des Buches nicht mehr vorhanden sein, fragen Sie bitte bei Ihrem Buchhändler nach.

Liebe Leserin, lieber Leser,

ein unabhängiger Verlag für unabhängig Reisende – das sind wir, der Reise Know-How Verlag aus Bielefeld, eines der letzten Familienunternehmen in der Branche. Obwohl wir zu den größten Reiseführerverlagen Deutschlands gehören, ist der familiäre Umgang miteinander in allen Bereichen des Verlagslebens zu spüren: In der Geschäftsführung in zweiter Generation, in einer wertschätzenden Arbeitsatmosphäre, in der Nähe zu unseren frei arbeitenden Autorinnen und Autoren, im engen Austausch mit unseren Leserinnen und Lesern – und auch in der Zusammenarbeit mit Druckereien in Deutschland, in denen wir ausschließlich und regional unsere Bücher produzieren. Die sollen schließlich erst mit Ihnen auf große Reise gehen.

Alles, was wir in unsere Bücher und Landkarten stecken, soll Ihnen eines ermöglichen: Auf Ihre ganz eigene, individuelle Weise die Welt zu entdecken. Wir wünschen Ihnen viel Freude und unvergessliche Erlebnisse mit diesem Reiseführer.

Es grüßen herzlich
Peter Rump & Wayan Rump

Mediterranes Flair, Seeblick und Bergkulisse

Schon bei der ersten Begegnung war klar, dies wird eine Freundschaft fürs Leben. Das harmonische Miteinander von traditionsreicher Historie, genussreichem Dolce Vita, herzlichen Menschen, Natur in Hülle und Fülle und reizvollen Outdoor-Aktivitäten begeisterte mich schon bei meinem ersten Rendezvous mit dem größten italienischen See vor mehr als 20 Jahren. Viele weitere Besuche zogen mich endgültig in den Bann. Mal war es ein entspannter Campingurlaub mit der Familie in Lazise 66, der in Erinnerung blieb, später eine unvergessliche Klettersteigtour mit einem guten Freund oberhalb von Riva 1. Wunderschön waren auch Momente der Ruhe bei einem abendlichen Picknick am Strand von Limone 25, die erfrischende Abkühlung im Freibad nach einer Weinwanderung rund um Custoza bei heißen 30 °C (s. S. 102) oder der perfekt gemischte Aperol Spritz mit meiner Frau in einer kleinen Bar in Gargnano 29.

Trotz etlicher Reisen überrascht mich der Lago di Garda immer wieder aufs Neue: sei es mit Schnee und Einsamkeit am Lago di Ledro 24 im März oder mit einem fast nur von Einheimischen besuchten Olivenfest bei Malcesine 77 im Oktober (s. S. 111). Jede Jahreszeit hat spezielle Vorzüge. Warum nicht einmal die Adventszeit in Riva oder Sirmione 55 verbringen und über stimmungsvolle Weihnachtsmärkte bummeln? Und wer dem See auch mal den Rücken zukehren möchte, fährt ins nahe Verona, der Stadt von Romeo und Julia (s. S. 74). Kein Wunder, dass weltberühmte Literaten, Künstler und Politiker, darunter Goethe, Kafka, Nietzsche, Klimt, Ernst oder Churchill, schon früh den Reiz dieser Region erkannten, zur Inspiration nutzten und so manche Auszeit hier verbrachten.

Der Autor

Thilo Scheu entdeckte schon früh seine Leidenschaft fürs Reisen und Erkunden fremder Länder. Vor, während und nach dem Studium der Geografie in Köln führte ihn das Fernweh in viele Länder der Welt. Nach ein paar Jahren als Autor für Quizsendungen von ZDF und RTL erfüllte er sich einen lang gehegten Traum und machte sich als Reisejournalist und Buchautor selbstständig. Seitdem reist er erneut mit Begeisterung und offenen Augen durch die Welt, vom nahen Sauerland bis ins ferne Papua-Neuguinea. Seine Geschichten und Fotos erscheinen in Tageszeitungen, Magazinen und Onlineportalen und seine Bücher in verschiedenen Verlagen, bei Reise Know-How neben diesem Titel auch Reiseführer zu Portugal sowie zur Nord- und zur Ostseeküste Dänemarks. Infos unter www.reisejournalist-weltweit.de.

001mg ©Conny Scheu

Meine

002mg-ts

⓳ Castello di Arco [F1]

Ein Stück nördlich des Gardasees lockt die traditionsreiche Stadt Arco, die von einem 278 m hohen Burgfelsen überragt wird, an dessen Spitze eine mittelalterliche Burganlage thront. Der Weg hinauf führt malerisch durch terrassenförmig angelegte Olivenhaine. Ein gläsernes Aussichtsplateau verspricht einen sensationellen Ausblick auf die trentinische Stadt (s. S. 34).

003mg© Roman, stock.adobe.com

㉓ Canale di Tenno [E1]

Ein Schmuckstück aus dem Mittelalter stellt dieser Ortsteil von Tenno dar. Bei einem Spaziergang durch die verwinkelten Gassen, vorbei an schiefen Bruchsteinhäusern und über grob gepflasterte, lichte Plätze, erlebt man den einzigartigen Reiz des abgelegenen Bergdorfs. In den urigen Bauten haben sich Restaurants und Kunsthandwerksläden eingenistet (s. S. 37).

004mg-ts

㉔ Valle di Ledro und Lago di Ledro [D2]

Der türkisblaue Ledrosee und ein anmutiges Panorama mit bis über 2000 m hohen Bergen bilden das eindrucksvolle „Empfangskomitee" bei der Ankunft im Ledrotal auf gut 700 m Höhe. Der kristallklare See lädt zu einem Bad oder einer Kanufahrt ein. Oder man besucht das Pfahlbauten-Museum am Seeufer. Naturliebhaber können in der waldreichen Umgebung wandern oder mountainbiken (s. S. 38).

005mg-ts

„Schauderterrasse" in Pieve di Tremosine [D3]

Die Lage von Pieve auf der Hochebene von Tremosine ㉖ ist einzigartig: 423 m hoch, direkt an einem Felsvorsprung. Der hiesige Aussichtspunkt, liebevoll Terrazza del Brivido – „Schauderterrasse" – genannt, punktet mit nahezu senkrechtem Blick hinunter auf den Gardasee und die Bergkulisse am anderen Seeufer (s. S. 43).

Inhalt

Bewertung der Sehenswürdigkeiten
★★★ nicht verpassen
★★ besonders sehenswert
★ wichtig für speziell interessierte Besucher

Alle weiteren Benutzungshinweise s. S. 142.

Malerisches Hafenflair: Das Castello Scaligero (56) in Sirmione (55) gilt als eine der bedeutendsten Wasserburgen Europas

007mg-ts

Gardasee – ein Porträt

Der Gardasee, auf Italienisch **Lago di Garda**, ist nach der Gemeinde Garda 70 am Ostufer benannt und der **größte See Italiens.** Erdgeschichtlich geht er auf das **Pleistozän** zurück, ein Zeitalter, das vor ca. 2,5 Mio. Jahren begann und vor rund 12.000 Jahren mit dem Abschluss der letzten **Eiszeit** endete. Danach verschwanden die Gletscher und Unmengen an Schmelzwasser überschwemmten den Landstrich – das heute zwischen den Alpen und der Po-Ebene liegende Gewässer, das zu den **Oberitalienischen Seen** gezählt wird, war geboren.

Steckbrief Gardasee (Lago di Garda)

- **Lage:** in Oberitalien zwischen den Alpen im Norden und der Po-Ebene im Süden
- **Regionen:** drei Regionen teilen sich den See, die Lombardei (Westufer), Venetien (Ostufer) und Trentino-Südtirol (Nordufer)
- **Höhe:** 65 m über dem Meeresspiegel
- **Fläche:** knapp 370 km²
- **Länge:** 51,6 km
- **Breite:** im Süden 17,2 km, am Nordufer 4 km
- **Tiefe:** maximal 346 m
- **Uferlänge:** ca. 158 km
- **Größter Zufluss:** Sarca bei Torbole sul Garda 12
- **Einziger Abfluss:** Mincio in Peschiera del Garda 59
- **Inseln:** Isola del Garda 48, Isola dell'Olivo, Isola di San Biagio [B7], Isola di Sogno, Isola di Trimelone

Die **Pflanzen- und Tierwelt** am Gardasee ist, ebenso wie die Landschaft der Region, außerordentlich vielfältig. Von der Mittelmeerpflanze bis zur alpinen Blume ist alles im Angebot. Im klaren Seewasser fühlt sich die nur hier vorkommende Gardaseeforelle wohl und in den Bergen streichen auch heute noch vereinzelt Wolf, Bär und Luchs umher.

Der Norden

Steile Felswände, einsame Wälder, verwunschene Bergseen, traditionsreiche Städtchen wie **Arco** 18 und am Seeufer etliche Strände zum Baden, dazu reichlich Platz für Wassersport – diese herrliche Vielfalt hat sich bei Urlaubern längst herumgesprochen. Das reizende, lebendige **Riva del Garda** 1 mit seinem attraktiven kulturellen und kulinarischen Angebot und der bis **Torbole sul Garda** 12 reichende kilometerlange Strand samt Promenade begeistern Jung und Alt. Hier kann man entspannen und sich von der Sonne verwöhnen lassen. **Aktivurlauber** kommen beim Biken (s. S. 97), Wandern (s. S. 98), Klettern (s. S. 105) oder Windsurfen (s. S. 96) auf ihre Kosten. Und im Hinterland versteckt sich so manche bildschöne Rarität wie beispielsweise das authentische Bergdorf **Canale di Tenno** 23 und der naturbelassene **Lago di Ledro** 24.

‹ Vorseite: Panorama des nördlichen Gardasees mit Riva del Garda 1, der Bergkuppe des Monte Brione 11 und Torbole 12 (v. l. n. r.)

› Die Promenade bietet einen reizvollen Ausblick auf Salò 42

Der Westen

Der Westen punktet mit abwechslungsreichen Landschaften, urigen Bergdörfern und faszinierenden Aussichtspunkten, kombiniert mit lebendigen Küstenstädten.

Der Nordwesten lockt vor allem auf den **Hochebenen von Tremosine** 26 **und Tignale** 28 mit fantastischer Natur zum Wandern und Radfahren sowie beschaulichen, aussichtsreichen Dörfern. Am Ufer breitet sich das ausgesprochen beliebte Städtchen **Limone sul Garda** 25 aus. Weiter südwestlich sollte man der charaktervollen Stadt **Salò** 42 ausgiebig Zeit widmen und etwa einen Bummel über die Promenade unternehmen. Romantikern sei der leicht zu übersehende Ort **Gargnano sul Garda** 29 ans Herz gelegt, der ein entspanntes Flair ausstrahlt. Vom einst mondänen **Gardone Riviera** 39 aus empfiehlt sich ein Besuch der sehenswerten **Isola del Garda** 48, um ein weiteres der facettenreichen Gesichter des Westufers kennenzulernen.

Der Süden

Der Süden bietet ein reizvolles Kontrastprogramm zum eher bergigen Norden. Sanft gewellte **Hügellandschaften** mit berühmten **Weinanbaugebieten** warten darauf, entdeckt zu werden. Dazwischen liegen urbane Touristenmagnete mit bedeutenden Sehenswürdigkeiten, aber auch kaum bekannte Städtchen, die nicht weniger bezaubernd sind.

In der Region rund um **Desenzano del Garda** 51, **Sirmione** 55 und **Peschiera del Garda** 59 dominiert eine eiszeitliche Moränenlandschaft mit wenigen aus der Ebene herausragenden Erhebungen. Das noch eher unbekannte Hinterland strahlt eine angenehme Ruhe aus, man genießt die Weite der Landschaft und kann die **Weine der Region** (s. S. 115) auf Weingütern verköstigen. Quirliger und voller wird es in Sirmione mit seiner paradiesischen Halbinsel, an deren Spitze die einzigartigen **Grotten des Catull** 58 zur Besichtigung einladen. Mehr italienisches

010mg-ts

Alltagsleben verspürt man dagegen in den Orten Peschiera und Desenzano. Kurz: Der Süden ist eine gelungene Symbiose aus ländlichen und städtischen Schönheiten. Außerdem kann man von hier aus gut einen Ausflug ins nahe **Verona** (s. S. 74) unternehmen.

Der Osten

Im Osten sind die Berge noch ein Stück höher und spektakulärer als im Westen oder Norden: Auch hier genießt man immer wieder hinreißende Ausblicke auf das glitzernde Wasser des Sees, dazu lassen sich sehenswerte Ortschaften voll span-

In bezaubernden Lokalen werden Köstlichkeiten der Region aufgetischt

Meine Literaturtipps

- Johann Wolfgang von Goethe: **„Italienische Reise"**, div. Verlage. In diesem berühmten Klassiker der Reiseliteratur erzählt Goethe von seiner Reise nach Italien mit Stopp am Gardasee und Weiterfahrt über Verona und Rom bis nach Sizilien. Dabei besucht er im Jahr 1786 Torbole sul Garda 12 und Malcesine 77.
- Paul Heyse: **„Novellen vom Gardasee"**, Edition Holzinger, 2015. Der 1830 in Berlin geborene Literaturnobelpreisträger verbrachte viel Zeit in Gardone Riviera 39. Seine wunderbaren Novellen sind ein Genuss und eine perfekte Einstimmung für eine gelungene Auszeit am größten See Italiens.
- Franz Kafka: **„Der Jäger Gracchus"**, als E-Book erhältlich. Diese nur wenige Seiten umfassende, etwas düstere und erst postum veröffentlichte Erzählung aus dem Jahr 1917 spielt in Riva del Garda 1, wo sich Kafka 1909–1913 aufhielt, und behandelt das Thema Tod.
- D. H. Lawrence: **„Italienische Dämmerung"**, Diogenes, 2007. Der 1885 geborene englische Schriftsteller verbrachte u. a. einige Zeit in Gargnano sul Garda 29. In seinem poetisch geschriebenen Buch beschreibt er seine Wanderung über die Alpen bis zum Gardasee.
- Roswitha Wildgans: **„Vino Rosso"**, Emons, 2016. Ein Gardasee-Krimi mit viel italienischem Lokalkolorit. Unterhaltsame Urlaubslektüre rund um die famose Putzfrau Rosi Holzwurm, die in Limone sul Garda 25 wohnt und es mit einem dubiosen Todesfall zu tun bekommt.

nender Geschichte wie **Lazise** 66 entdecken – ein harmonisches Aufeinandertreffen von Natur und Kultur. Überragend im wahrsten Sinne des Wortes ist auf der Ostseite des Sees der über 2000 m hohe **Monte Baldo** 76, den man mit einer **Panoramaseilbahn** erreicht.

Das Ostufer des Gardasees ist ideal für Erkundungstouren, die vorbei an Olivenhainen, Kastanienbäumen und trutzigen Burgen aus vergangenen Zeiten führen. Ausgedehnte **Sandstrände** – eine Seltenheit am Gardasee –, malerische Altstädte wie die von **Bardolino** 67, **Garda** 70 oder **Malcesine** 77 und **Vergnügungsparks** wie der Movieland Hollywood Park 65 versüßen zusätzlich den Aufenthalt.

011mg-ts

Unterkunft finden

Das **Angebot** an Unterkünften ist riesig und **breit gefächert.** Das Portfolio reicht von einfachen, idyllisch gelegenen Refugien in den Bergen über Mittelklassehotels bis hin zu luxuriösen Herbergen mit direktem Seezugang. Hinzu kommen viele Pensionen, Campingplätze, Ferienwohnungen und Ferienhäuser. Zudem findet man immer mehr ansprechende und modern eingerichtete Bed-and-Breakfast-Unterkünfte, die zwar häufig nur über wenige Betten verfügen, aber den Fokus auf persönlichen Service und individuellen Charme legen.

Eine weitere Alternative zur klassischen Hotelübernachtung ist die Einquartierung auf einem **Agriturismo,** einem Betrieb, der neben der Produktion landwirtschaftlicher Güter auch einige, meist eher einfache Zimmer anbietet. In jüngster Zeit findet man auch immer mehr Agriturismo-Betriebe, die ihren Gästen luxuriöse Zimmer oder gar einen Pool anbieten. Insbesondere für **Familien** ergibt sich so die Möglichkeit, mit Einheimischen und dem bäuerlichen Leben in Kontakt zu kommen und beim Frühstück oder Abendessen regionale, frisch erzeugte Produkte wie Marmeladen, Wurst, Käse oder Olivenöl zu probieren (Infos z. B. unter www.agriturismo.it).

Camping steht bei Gardasee-Urlaubern hoch im Kurs und ist gerade für Familien mit Kindern eine tolle Alternative zu einem Hotelaufenthalt. Rund um den See, meist in Ufernähe, können Besucher aus Dutzenden Campingplätzen wählen, manche einfach in der Ausstattung, andere gehoben mit Schwimmbad, Wellnessbereich und Restaurant. Auf größe-

Das schmucke Lazise 66 am Westufer ist unbedingt einen Besuch wert

ren Plätzen sind neben Parzellen für Zelte, Wohnwagen und Wohnmobile in der Regel auch Hütten, teils mit eigenem Bad/WC, im Angebot. Wildes Campen ist in Italien nicht erlaubt. In den Sommermonaten und den Ferien sollte man eine Platzreservierung ins Auge fassen, da dann der Wunschcampingplatz direkt am See schnell ausgebucht ist.

Je nach Saison variieren die **Übernachtungspreise** deutlich. In den Ferienmonaten Juli und August zahlt man hier und da den doppelten Preis im Vergleich zur Nebensaison. Je näher man am Seeufer übernachtet, desto tiefer muss man in die Geldbörse greifen. In den Bergen lässt es sich häufig deutlich günstiger wohnen, dafür ist ein weiterer Anfahrtsweg in die größeren Ortschaften und zum Seeufer einzuplanen.

Zusätzlich muss man eine **Kurtaxe** entrichten, die – je nach Hotelstandard – zwischen ein und drei Euro pro Nacht und Person beträgt.

Die besten Standorte

Welchen Standort man für die Erkundung des Gardasees wählt, hängt von verschiedenen Faktoren ab, die man bei der Reiseplanung beachten und abwägen sollte: Aspekte wie Jahreszeit, sportliche Vorlieben, Präferenzen bei der Freizeitgestaltung, kulturelles Interesse oder Urlaub mit Kindern. Auch ob ein eigenes Fahrzeug bzw. ein Mietwagen zur Verfügung steht oder man auf öffentliche Verkehrsmittel angewiesen ist, ist ausschlaggebend (s. An- und Rückreise ab S. 122). Wer viel Zeit mitbringt, der kann in Etappen von Standort zu Standort tingeln und so den gesamten See erkunden. Andernfalls kann man einen Aufenthalt in nur einem Ort planen, um die Umgebung von dort aus zu erkunden.

Wer den **Norden** des Gardasees als Reiseziel wählt, dem sei **Riva del Garda** ❶ als Standort ans Herz gelegt. Die lebendige Stadt am Seeufer mit

009mg-ts

ihrem attraktiven kulturellen und kulinarischen Angebot und der autofreien Altstadt verspricht einen erlebnisreichen Aufenthalt. An den zentrumsnahen Kiesstränden kann man im Sommer wunderbar baden. Die abwechslungsreiche Umgebung und das nahe Hinterland mit Arco 18 bieten reichlich Ausflugsmöglichkeiten. Vor allem aktive und sportbegeisterte Urlauber kommen hier auf ihre Kosten.

Für die Erkundung des **Ostufers** empfehlen sich zwei Standorte für jeweils mehrere Tage: Als erste Station bietet sich das malerische **Malcesine** 77 an. Nur einen Steinwurf vom Zentrum bringt eine Gondelbahn Urlauber hinauf auf den Monte Baldo 76. Hier, auf über 2000 m Höhe, lässt es sich wandern, klettern, mountainbiken, Gleitschirm fliegen und im Winter Ski fahren oder snowboarden. Als zweite Station eignet sich das weiter südlich gelegene **Bardolino** 67. Die zentrale Lage zwischen den nahen Orten Garda 70 im Norden und Lazise 66 im Süden ist optimal für Ausflugstouren. Hier, im südlichen Bereich des Ostufers, treten sportliche Aktivitäten eher in den Hintergrund, dafür freuen sich Familien und Wasserratten über die breiten Strände bei Lazise und mehrere Freizeitparks.

In der **südlichen Gardaseeregion** sei das auf einer idyllischen Halbinsel liegende **Sirmione** 55 empfohlen. Allerdings sollte man bedenken, dass das Städtchen im Sommer ausgesprochen gut besucht ist. Von hier ist es nicht weit in die sehenswerten Nachbarorte Peschiera 59 (ca. 11 km östlich) und Desenzano 51 (ca. 10 km westlich).

Am Seeufer warten prächtige Grand Hotels auf Übernachtungsgäste, wie hier in Gardone Riviera 39

Die besondere Unterkunft

1 Aqualux Hotel Spa Suite & Terme €€-€€€, Via Europa Unita, 24/B, Bardolino 67, Tel. 045 6229999, www.aqualuxhotel.com. **Zertifiziertes Klimahotel:** geschmackvoll gestaltete Hotelanlage mit modernen architektonischen Elementen aus Stein und Glas. Ressourcen sparendes und auf Nachhaltigkeit ausgelegtes Beherbergungskonzept. Großzügiger Wellness- und Spa-Bereich und tolle Außenanlage mit abwechslungsreicher Poollandschaft, teils mit Thermalwasser. Im Restaurant Evo lässt es sich bei freundlichem und professionellem Service ausgezeichnet schlemmen. Man wohnt ruhig oberhalb der Gardesana, zu Fuß nur wenige Minuten von der Altstadt entfernt. Eigene Garage.

2 [S. 144] **Du Lac et du Parc Grand Resort** €€, Viale Rovereto 44, Riva del Garda 1, Tel. 0464 566600, www.dulacetduparc.com. **Geschmackvolles Resort in großzügiger Parklandschaft:** Die Anlage ist zwischen Uferstraße und See gelegen. Erfrischung bringt der von altem Baumbestand und Teichen umgebene Swimmingpool. Für Schlechtwettertage steht ein Innenpool bereit. Direkter Seezugang. Die Atmosphäre ist entspannt und kinderfreundlich. Neben den modernen Zimmern mit Balkon im Hauptgebäude mit tollem Blick auf das üppige Grün des Gartens können im Park errichtete Bungalows gebucht werden. Zusätzlich sind in einem Neubau 45 großzügig geschnittene Suiten untergebracht. Großer Spa-Bereich. Reichhaltiges Frühstückbuffet. Insgesamt stehen drei Restaurants zur Wahl. Kostenlose Parkplätze. Mit Segelschule Sailing du Lac (s. S. 26).

3 Garni Gianmartin €€, Piazza Garibaldi 4, Limone sul Garda 25, Tel. 3393671507, über Buchungsportale buchbar. **Behagliches Quartier inklusive Seeblick:** liebevoll, zeitgemäß und hell designte

Räumlichkeiten in einem historischen Gebäude. Die behaglichen Zimmer haben alle Seeblick, Wasserkocher und Kaffeemaschine. Giovanni und sein Team kümmern sich ausgesprochen herzlich um die Gäste. Das Frühstücksbuffet wird in der Bar im Erdgeschoss aufgetischt und ist überdurchschnittlich gut. Selbst gemachte, feine Speisen und gute Auswahl. Tolles Preis-Leistungs-Verhältnis. Die Terrasse vor dem Hotel und der Bar bietet einen herrlichen Blick auf die Piazza Garibaldi, den See und das Treiben in der Altstadt. Kostenfreie Parkplätze.

4 Hotel La Vittoria €€, Via Lungolago Regina Adelaide 57, Garda (70), Tel. 045 6270473, www.hotellavittoria.it. **Exklusiv übernachten in historischem Ambiente:** In diesem charmanten Boutiquehotel mit zwölf Zimmern wohnt man zentral an der Seepromenade. Die Räumlichkeiten sind äußerst gepflegt und mit Geschmack und Stil eingerichtet. Besonders empfehlenswert sind die Zimmer mit Seeterrasse. Restaurant ebenfalls mit Seeblick. Kompetentes und angenehmes Personal. Gratis-Parkplätze einige hundert Meter entfernt.

5 [S. 58] **Hotel Laurin** €€-€€€, Viale Landi 9, Salò (42), Tel. 0365 22022, www.hotellaurinsalo.it. **Schmucke Unterkunft mit Historie:** in einer prachtvollen Villa untergebrachtes Hotel der Familie Rossi mit Romantikfaktor. Das Interieur versprüht den edlen Charme vergangener Tage. Herrschaftliches Jugendstilambiente mit sehenswerten Deckenmalereien des Künstlers Angelo Landi und filigranen Mosaikfußböden. Zur Zeit der „Italienischen Sozialrepublik" (s. S. 120) war das repräsentative Gebäude Sitz des Außenministeriums. Garten mit Pool. Einige Zimmer sind nicht gerade groß. Ein kulinarisches und visuelles Erlebnis stellt ein Abendessen im Speisesaal des exquisiten, renommierten Restaurants Buon Ricordo dar.

6 Hotel Mayer & Splendid €€, Piazza Ulisse Papa 10, Desenzano del Garda (51), Tel. 030 9142253, www.hotelmayerdesenzano.it. **Altehrwürdiges Traditionshotel am Seeufer:** Das in siebter Generation geführte Hotel überzeugt mit seiner zentralen Lage mitten im Altstadtkern beim Hafen. Die Einrichtung setzt auf historische Eleganz. Schon Kaiser Franz I. und Giacomo Puccini betteten ihre Häupter in diesem seit 1824 bestehenden Haus. Nostalgikern seien die größeren Zimmer bzw. Suiten mit Balkon und Seeblick empfohlen. Im hoteleigenen Restaurant mit Seeterrasse werden Gerichte mit regionalen Zutaten serviert. Kostenloser Fahrradverleih. Hunde willkommen (ohne Aufpreis).

7 La Piazetta di Canale B & B €, Villa Canale 35, Canale di Tenno (23), Tel. 3663421338, www.lapiazzettadicanale.it. **Kleines, feines Bed and Breakfast:** Vier wunderschön renovierte, mit Parkettböden versehene Zimmer, teils mit Mini-Küche und Kühlschrank, bietet diese im mittelalterlichen Ortskern gelegene Unterkunft. Terrasse und heller, lichtdurchfluteter Frühstücksraum. Kein Fernseher. Keine Hunde erlaubt. Kostenlose Parkplätze unweit des B & B.

•**8 Laghel 7 Agritur** €€, Località Laghel 7, Arco (18), Tel. 3358240645, www.laghel7.it. **Ländlich-idyllisches Feriendomizil:** Auf dem Areal mit großem Garten sind zwei Ferienwohnungen (für bis zu 4 Personen) buchbar. Ins Zentrum von Arco sind es etwa 1,5 km. Die Familie Zampiccoli kümmert sich liebevoll um ihre Gäste. Der rund 5 ha umfassende biologische Betrieb ist darauf ausgerichtet, dass Gäste am landwirtschaftlichen Leben teilhaben können. Es werden Oliven, Gemüse, Obst und Kräuter angebaut. Dazu gibt es Pferde, Esel und allerlei kleinere Zwei- und Vierbeiner. Kinder sind bei diesem Familienbetrieb herzlich willkommen.

9 [S. 144] **Le Rêve Bed & Breakfast** €€, Piazza Carducci 26, Sirmione 55, Tel. 3393066569, www.lerevesirmione.com. **Kuschelige Bleibe mit familiärem Flair:** kleine, sehr angenehme Unterkunft, deren vier außergewöhnliche Zimmer nach Marilyn Monroe, Audrey Hepburn, Marlene Dietrich und Coco Chanel benannt und entsprechend individuell farbig gestaltet sind. Teils mit kleinem Balkon. Zentrale Lage auf der Halbinsel an der Piazza Carducci. Liebenswerte Gastgeberin. Hervorragendes Frühstück.

10 **Meet Garda Lake Hostel** €, Via Benaco 14A, Peschiera del Garda 59, Tel. 045 8240950, www.meethostel.com. **Modernes Nachtquartier für den kleinen Geldbeutel:** Das erst vor wenigen Jahren eröffnete Hostel ist eine Bereicherung für die örtliche Hotellerie und ideal, um preiswert unterzukommen. Nur wenige Minuten zu Fuß vom Bahnhof. Zur Wahl stehen einfache, helle und zeitgemäß designte Einzel-, Doppel- und Vierbettzimmer, zudem Mehrbettzimmer für 6, 8 oder 10 Personen. Bettwäsche inklusive, Handtücher nur bei Onlinebuchungen. Außer den Einzelzimmern verfügen alle Zimmer über einen Balkon. Grillmöglichkeit im Garten. Aufenthaltsraum mit Großbildschirm und Playstation. Mittag- und Abendessen für kleines Geld. Tischtennis, Tischfußball und Billard. Bar. Hunde gegen Aufpreis willkommen: Hundebetten und -duschen.

11 **Weekend Glamping Resort** €€, Via Vallone della Selva 2, San Felice del Benaco 47, Tel. 0365 43712, www.weekend.it. **Feines Urlaubsdomizil für die ganze Familie:** Die schöne, in einem alten Olivenhain gelegene Anlage mit Blick auf Salò 42 verfügt über Stellplätze, gut ausgestattete Cottages und einige teils luxuriöse Zelte, wie z. B. die Safari Lodge, ein großzügig geschnittenes Zelt mit zwei Schlafzimmern, Wohnzimmer mit Küche und einer hölzernen Terrasse. Das familienfreundliche Resort verwöhnt die Gäste mit zwei Pools, einem Miniclub und einem Spielplatz für die Kleinen. Bei Hunger und Durst stehen ein Restaurant und eine Bar zur Verfügung.

Wie die Region am besten erkunden?

Der Gardasee lässt sich problemlos mit dem **eigenen Fahrzeug oder Mietwagen** umrunden. Da die Gesamtstreckenlänge entlang der am See verlaufenden Hauptstraße **Gardesana** „nur“ rund 150 km beträgt und der öffentliche Busverkehr gut funktioniert, lässt sich die Fahrt auch mit dem **Bus** bewältigen. Wer jedoch auch das Hinterland mit all seinen winzigen Dörfern erkunden möchte, ist mit dem eigenen Fahrzeug unabhängiger und agiler. Diese Variante wählen die meisten Urlauber.

Grundsätzlich sollte erwähnt werden, dass gerade in der **Hochsaison** im Juli und August die Gardesana oft derart stark befahren ist, dass **stockender Verkehr** oder gar kilometerlange Staus keine Seltenheit sind. Auch in den meisten Städten der Region kann es dann in den Gassen und in Strandnähe voll werden. Zwar gibt es in den größeren Orten meist ausreichend kostenpflichtige **Parkhäuser und Parkplätze,** diese können jedoch in der Hochsaison auch mal belegt sein. Vor Ort kann es daher angenehmer und stressfreier sein, **Tagesausflüge mit dem Bus oder per Schiff** zu unternehmen.

Bahnreisende sollten beachten, dass Peschiera des Garda 59 und Desenzano del Garda 51 die einzigen Orte am See sind, die direkt mit dem Zug erreichbar sind (s. S. 123).

Mit dem Bus

Rund um den Gardasee sowie in den nahen Großstädten Verona (s. S. 74) und Brescia verkehren zahlreiche Buslinien. Die **Haltestellen** befinden sich meist an der Gardesana und in den Ortszentren. In der Hauptsaison fahren die Busse an der Uferstraße regelmäßig und oft halbstündlich, jedoch meist nicht in den späten Abendstunden. Der öffentliche Nahverkehr in den **bergigen Regionen** ist deutlich eingeschränkter. Auf manchen Linien, wie der ATV-Buslinie zwischen Verona und Riva del Garda 1, ist es möglich, sein **Fahrrad** mitzunehmen.

Grundsätzlich lassen sich **Fahrtickets** im Bus kaufen, teilweise gibt es an den Haltestellen auch Ticketautomaten. Des Weiteren kann man Fahrkarten in den bevollmächtigten Verkaufsstellen oder über **Apps** wie „OpenMove" oder „MooneyGo" erstehen.

Fahrpläne, Routen und Fahrpreise finden sich auf den offiziellen Internetseiten der Busunternehmen der einzelnen Unterregionen:

- **Region Verona:** www.atv.verona.it
- **Region Brescia:** www.bresciamobilita.it
- **Region Trentino:** www.ttesercizio.it
- **Preisbeispiele:** von Riva 1 nach Arco 18 1,15 €, von Malcesine 77 nach Bardolino 67 4,60 €, von Salò 42 nach Sirmione 55 4,20 €

Mit dem Schiff

Eine herrliche Möglichkeit, den Gardasee aus einer anderen Perspektive zu erleben, ist die Fahrt mit dem Schiff. Von den Orten direkt am Seeufer besteht fast immer die Möglichkeit, eine Tour über den See zu unternehmen. Insgesamt **27 Anlegestellen** existieren rund um den Lago di Garda. Eine **Nord-Süd-Verbindung** besteht etwa zwischen Desenzano 51 und Riva, wobei die wichtigsten Orte am Seeufer wie Sirmione 55, Lazise 66, Bardolino 67, Salò 42, Malcesine 77 und Limone 25, teils im Zickzackkurs, angesteuert werden.

An mehreren Punkten lässt sich der See auch von West nach Ost bzw. umgekehrt überqueren: So pendeln in der Saison (ca. Ende Mai–Anf. Okt.) eine **Autofähre** *(traghetto)* zwischen Maderno 34 am Westufer und Torri del Benaco 72 am Ostufer sowie weitere **Personen- und Autofähren** zwischen Limone am Westufer und Malcesine am Ostufer. Es verkehren aber auch schnellere (und teurere) **Katamarane** und **Tragflächenboote** *(aliscafi).* Häufig können **Fahrräder** mitgenommen werden. **Tickets** (zwischen 3,50 und 16 €, je nach Strecke) kauft man entweder online, am Ticketschalter des jeweiligen Abfahrtshafens oder – sollte es diesen nicht geben – an Bord. Es gibt auch diverse **Tagestickets** für den gesamten See oder verschiedene Seebereiche (ab 20,50 €).

Weiterführende Infos, die **Tarife** und den **Fahrplan** erhält man auf der Website des Schiffsunternehmens oder per App – beides liegt auch in einer englischen Sprachversion vor:

- www.navigazionelaghi.it (Menüpunkt „Lake Garda")
- **App „DreamLake"** (s. S. 127)
- **Fähre Limone 25 – Malcesine 77:** mehrmals tägl., Fahrzeit ca. 20 Min., Tickets je Strecke Erw. 6,50 €, Kinder 3–10 Jahre 3,60 €, Fahrrad 6,80 €, Auto ab 9,50 €
- **Autofähre Maderno 34 – Torri del Benaco 72:** mehrmals tägl., Fahrzeit ca. 30 Min., Tickets je Strecke Erw. 6,50 €, Kinder 3–10 Jahre 3,60 €, Fahrrad 8 €, Auto ab 10,70 €

GARDASEE ENTDECKEN

012mg-ts

Der Norden

1 Riva del Garda ★★★ [E1]

Die größte und wohl sehenswerteste Stadt am Nordufer des Gardasees ist Riva – hier sind ca. 17.000 Menschen zu Hause. Die überaus charmante, autofreie Altstadt begeistert viele Besucher.

In der Altstadt Rivas locken schmucke historische Bauten aus vergangenen Jahrhunderten und weitläufige Plätze mit herrlichem Ausblick auf das glitzernde Wasser des Sees und die steil aufragenden Felswände des **Monte Rocchetta** [E2] am Westufer.

Aktivurlauber jeden Alters widmen sich dem Wassersport: mit dem Surfbrett unter den Füßen, paddelnd im Kajak, segelnd oder einfach planschend am Strand. Wer lieber festen Boden unter den Füßen hat, schwingt sich aufs Mountainbike, schnappt sich seine Kletterutensilien oder erkundet die abwechslungsreiche Umgebung von Riva auf Schusters Rappen. Zahlreiche Veranstalter bieten Kurse und geführte Touren an, beispielsweise **Sailing du Lac** (s. S. 26).

Kulturliebhaber schlendern durch die Geschichten erzählenden Gassen oder legen eine Stippvisite im interessanten **Museo Alto Garda** 5 ein. Dazu locken nette Cafés, Restaurants und Bars.

Die **Besiedlung** Rivas und der Region reicht weit zurück. In der Umgebung entdeckte man prähistorische Funde aus der Stein- und der Kupferzeit, in Riva selbst stieß man auf eine **römische Therme** 7, die sich noch heute besichtigen lässt. Offizielle Erwähnung fand Riva in einem Dokument von 983, als der römisch-deutsche Kaiser **Otto II.** den Ort unter die Herrschaft der Bischöfe von Verona stellte. Später hatten die Bischöfe von Trentino das Sagen. Ende des 13. Jh. übernahmen die **Scaliger** (s. S. 71) die Macht und errichteten manch imposantes Bauwerk wie den Palazzo Pretorio am Hafenbecken. Durch seinen Hafen und seine strategisch günstige Lage am nördlichen Seeufer war Riva als **Handelsposten** jahrhundertelang begehrt. Nach den Scaligern kämpften unter anderem die Visconti von Mailand und die **Venezianer** um die Vorherrschaft. Letztere regierten Riva von 1441 bis 1509. 1703 kam es, wie in vielen Orten am Gardasee, durch die Truppen des französischen Generals Vendôme zu verheerenden Verwüstungen. Ende des 18. Jh. besetzten die Soldaten Napoleons die Stadt. Seit Ende des Ersten Weltkriegs gehört Riva zu Italien.

Während **Johann Wolfgang von Goethe** im Verlauf seiner Italienreise 1786–1788 im Nachbarort Torbole 12 schrieb und nächtigte, statteten später kaum weniger berühmte Zeitgenossen Riva einen Besuch ab. Der Dichter **Rainer Maria Rilke** ließ sich hier zu einigen frühen Gedichten inspirieren, genauso wie der 1923 verstorbene Schriftsteller **Franz Kafka**, der seinen Aufenthalt in der Erzählung „Der Jäger Gracchus" in Szene setzte und viele historische Orte zu Schauplätzen seiner Geschichte machte.

Zu den erlebnisreichen Feierlichkeiten in Riva zählen das Schokoladenfestival **ChocoMusic** an Ostern (s. S. 108), das **Märchenfest „La notte di fiaba"** im August (s. S. 109) und

◁ Vorseite: Den romantischen Hafen von Castelletto 13 säumen farbenfrohe Häuser

013mg-ts

das **Gourmetfestival „Garda Con Gusto“** im November (s. S. 111).

Der überwiegende Teil der reizvollen **Altstadt** besteht aus einer **Fußgängerzone** und ist für Fahrzeuge gesperrt. Ein guter Ausgangspunkt für die Stadterkundung ist die zentrale Piazza III Novembre 2.

2 Piazza III Novembre ★★★ [S. 144]

Die Piazza Tre Novembre ist ein Ort voller Leben und Atmosphäre: Vor allem in den warmen Monaten sitzen die Menschen unter freiem Himmel vor einem der Lokale und erfreuen sich am fantastischen Ausblick auf den See. Oder sie wandeln unter den Arkaden, die einst ein buntes Markttreiben überspannten. Blickfang am Platz ist der stattliche Uhrenturm namens Torre Apponale 3.

Den imposanten, mit Arkaden versehenen **Palazzo Pretorio** ließen die Scaliger (s. S. 71) im 14. Jh. erbauen. Im angrenzenden **Palazzo Municipale** aus dem 15. Jh. versammeln sich seit Jahrhunderten die Stadtobersten. Das teils aus Naturstein erbaute **Rathaus** ist mit Bischofswappen verziert und erhielt im 19. Jh. eine Verbindung zum Pretorio-Palast. Der quer verlaufende Bau heißt **Palazzo del Provveditore** und stammt ebenfalls aus dem 14. Jh. Auf der Freifläche des Platzes entdeckt man ein abgegrenztes Rechteck mit andersartiger Pflasterung, das auf die ehemalige Größe des **Hafenbeckens** hinweist.

Westlich vom Hafenbecken schließt sich die **Piazza Catena** an, der „Kettenplatz“, wo auch die **Ausflugsschiffe** an- und ablegen. Er erhielt seinen Namen wegen der enormen Ketten, die einst über das Wasser gespannt wurden, um den Hafen zu schützen. Bis 1929 befand sich hier das kaiserliche Zollhaus, ein Anhaltspunkt für die Grenze, die den nördlichen Teil des Sees vom südlichen trennte. Auf dem Kettenplatz steht die barocke **Statue von Johannes Nepomuk** (San Giovanni Nepomuceno), dem Schutzheiligen der Gewässer.

⌃ Die Piazza III Novembre mit dem Torre Apponale 3 lädt zum Verweilen ein – Seeblick inklusive

3 Torre Apponale ★★★ [S. 144]

Der **Uhrenturm** gilt als **Wahrzeichen** von Riva. Der steinerne, viereckige Turm ist 34 m hoch und lässt sich über 165 Stufen erklimmen. Von der **Aussichtsplattform** eröffnet sich ein wunderbarer Blick über die Stadt und den See. Ein paar Meter höher auf der **Turmspitze** dreht sich ein musizierender **Engel** mit Posaune aus Stahlblech namens „Anzolim de la tor" nach dem Wind.

Schon im 13. Jh. stand an gleicher Stelle ein Turm, der 1555 erhöht wurde. Der **Name** des Bauwerks mit der aus dem Jahr 1532 stammenden Glocke (Renga) verweist darauf, dass er in jenem Teil des Hafens steht, der in Richtung des Ortes Ponale weist.

› Piazza III Novembre, www.museoaltogarda.it/de, Juni–Sept. tägl 10–18, März–Nov. Di.–So. 10–18 Uhr, Eintritt: 2 €

4 Piazza San Rocco ★★ [S. 144]

Wenige Minuten Fußweg weiter erhebt sich das Stadttor **Porta Bruciata** („Verbranntes Tor"), 1406 von den Visconti-Soldaten in Brand geschossen. Gleich nebenan auf der Piazza San Rocco lockt die unscheinbare **Chiesa di San Rocco.** Die winzige, 1512 erbaute Kapelle sollte Schutz gegen die Pest erwirken. Im Inneren angebrachte Tafeln informieren mit Bildern und italienischem Text über dieses leicht zu übersehende sakrale Gebäude, in dem nur noch die Altarnische erhalten ist. Zu sehen ist die schwarze Figur des hl. Rochus, des Schutzheiligen gegen die Pest.

5 Wasserburg Rocca mit Museo Alto Garda (MAG) ★★ [S. 144]

Am Ufer des Sees mitten in der Stadt stößt man auf die eindrucksvolle mittelalterliche Wasserburg mit dem sehenswerten Museo Alto Garda, kurz MAG.

Die aus dem 12. Jh. stammende **Festung,** die meist nur **La Rocca** genannt wird, ist vollständig von einem **Wassergraben** umgeben. Einst re-

Die Wasserburg Rocca – ein lohnender Ort voller Kunst und Geschichten

014mg-ts

sidierten hier Scaliger (s. S. 71), Mailänder, Venezianer sowie Grafen und Bischöfe. Mitte des 19. Jh. wandelte man das Bauwerk in eine österreichisch-ungarische Kaserne um – damals erhielt La Rocca ihr heutiges Aussehen.

Früher besaß die Wasserburg eine hölzerne Brücke, die bei Gefahr mithilfe eiserner Ketten hochgezogen werden konnte. Heute gelangt man über eine **Steinbrücke** hinein, die unter dem Namen **Pont dei Strachi** firmiert, die „Brücke der Müden". In den 1970er- und 1980er-Jahren war der Übergang ein populärer Treffpunkt für Jugendliche.

Das in der Burg ansässige **MAG** beherbergt **drei Dauerausstellungen:** In der **Pinakothek** gibt es faszinierende Landschaftsgemälde aus dem 19. Jh. zu entdecken, welche die Schönheit des Gardasees zeigen, darunter Werke des 1882 in Mailand gestorbenen Malers Francesco Hayez. Außerdem lockt die **archäologische Ausstellung** mit prähistorischen Fundstücken der Region Alto Garda aus der Jungsteinzeit, dem Mesolithikum und der Kupferzeit. Aus Letzterer stammen die beeindruckenden **Statuenmenhire von Arco** (Steinstelen mit menschlichen Attributen). Die **Abteilung Geschichte** versetzt Besucher in die Zeit der Scaliger, der Visconti und Venezianer und man erfährt Interessantes über die Besuche von Franz Kafka und anderen weltberühmten Literaten.

Familien mit **Kindern** kommen im **INvento-Bereich** mit seinen Kreativ- und Mitmachstationen voll auf ihre Kosten. Nicht verpassen sollte man auch die **Besteigung des Hauptturms** der Burg namens **Mastio,** der eine weite Sicht über die Stadt und den See gewährt.

MEIN TIPP

Reptiland: Spaß für kleine Naturforscher

Wenige Meter von der Wasserburg Rocca 5 entfernt dreht sich alles um **Reptilien,** aber nicht nur. Zu sehen gibt es unzählige **Giftschlangen** wie die Kobra oder die Klapperschlange. Riesige Tigerpythons und Boas tummeln sich in den Terrarien, ferner **Vogelspinnen** und Riesenskorpione. Weit ungefährlicher sind die vielen **Insekten- und Schmetterlingsarten.**

★12 [S. 144] **Reptiland,** Piazza Garibaldi 1, Tel. 0464 7948389, www.reptiland.it, Ende März–Okt. tägl. 11–20 Uhr, sonst auf Anfrage, Eintritt: Erw. 9 €, Kinder bis 8 Jahre frei

› **MAG,** Piazza C. Battisti 3/A, Tel. 0464 573869, www.museoaltogarda.it/de, Juni–Sept. tägl. 10–18 Uhr, März–Mai u. Okt./Nov. Di.–So. 10–18 Uhr, Eintritt: Erw. 5 €, erm. 4 €

6 Chiesa di Santa Maria Assunta ★★ [S. 144]

Die einschiffige **Barockkirche** an der **Piazza Cavour** aus dem Jahr 1728 schmücken neun Altäre aus der Barockzeit, kunstvolle Stuckarbeiten und eine aus dem 15. Jh. stammende hölzerne Madonnenfigur. Dank historischer Aufzeichnungen weiß man, dass hier Anfang des 12. Jh. schon einmal eine Kirche gestanden haben muss. Das Gotteshaus und seine kostbare Ausstattung sind ein Hinweis darauf, dass Riva im 18. Jh. eine reiche Stadt war. Hinter dem Hochaltar verbirgt sich ein **Marienbild** des 1790 in Riva geborenen und 1837 ebenda gestorbenen Malers **Giuseppe Craffonara.** Ebenfalls von diesem bedeutenden Künstler stammt das sehenswerte Gemälde der **„Schmerzensmutter"** auf der linken Seite am hinteren, vierten Altar. Das Relief-Porträt rechts neben dem Eingangsportal ist eine Arbeit von Francesco Trentini und stellt besagten Giuseppe Craffonara dar.

› Piazza Cavour 10

7 Terme Romane ★ [S. 144]

Die überdachte **Ausgrabungsstätte** zeigt eine **Therme** aus dem 1. Jh. Die **Römer** nutzten den Komplex bis ins 3. Jh. Man sieht einen zentralen Hof mit einigen angegliederten Räumen, darunter das **Frigidarium**, ein vermutlich mit einem Kaltwasserbecken ausgestatteter Bereich zum Abkühlen nach dem Aufenthalt im Warmbereich. Das **Tepidarium** stellt den auf bis zu 40 °C erwärmten Teil der römischen Therme dar, in dem sich trockene Luft befand. Eine hohe Luftfeuchtigkeit und Temperaturen bis etwa 50 °C herrschten dagegen im **Calidarium.**

Aus der Altstadt kommend, erreicht man die römische Therme durch das im 13. Jh. errichtete **Stadttor Porta San Michele,** das Mitte des 19. Jh. nahezu vollständig neu aufgebaut wurde.

› Viale Roma, nur von außen einsehbar

8 Chiesa di Santa Maria Inviolata ★★ [S. 144]

Als Glanzstück der **Barockkunst** und des späten **Renaissancestils** gilt die auf Wunsch von Guadenzio Mandruzzo errichtete Kirche, dem damaligen Statthalter von Riva und Arco 18. Das an der belebten Durchgangsstraße Richtung Westufer, Tenno und Arco zu findende Gotteshaus entwarf ein unbekannter portugiesischer Architekt. Die Kirche mit ihrem achteckigen Grundriss wurde 1636 geweiht. Äußerlich eher unspektakulär, zeigt sich im Inneren ihre wahre Pracht: Detailreiche **Stuckarbeiten** von Davide Reti und kunstvolle **Ölmalereien** von Martino Teofilo Polacco (Martin Theophil Polak) und Pietro Ricchi im Bereich der Kuppel und an den Wänden schmücken das Bauwerk. Ebenfalls sehenswert sind die **Altarbilder** des Malers und Zeichners **Jacopo Palma der Jüngere** (1548–1628), auch bekannt unter dem Namen Jacopo Negretti, dessen Werke schon zu Lebzeiten geschätzt wurden.

› nördliches Ende der Viale Roma

9 Marocco-Viertel ★ [S. 144]

Einen Steinwurf von der Piazza San Rocco 4 entfernt, eröffnet sich links der Chiesa di San Rocco die schmale, romantische Kopfsteinpflastergasse **Via del Marocco.** Der Ursprung des Viertelnamens geht nicht, wie man zunächst denken könnte, auf das nordafrikanische Land zurück, sondern leitet sich von dem Wort *marocche* („Felsbrocken“) ab. Bei genauem Hinsehen entdeckt man an den Häuserwänden in die Mauern integrierte Felsen. Diese sollen von einem Erdrutsch aus vergangenen Tagen stammen. Früher wurden diese mittelalterlichen Wege als **Burgviertel** bezeichnet, zu einer Zeit, als Riva als **„Quadra Castello“** in vier Areale (Kirche, See, Mitte und Burg) eingeteilt war.

Parallel zur Via del Marocco verläuft die betriebsame **Via Fiume** mit ihren kleinen Boutiquen, Souvenirshops und Lokalen. Folgt man der Gasse in Richtung Norden, gelangt man zum **Stadttor Porta San Marco.** Dieser erstmalig im Mittelalter, genauer im 11. Jh. erbaute Durchgang erhielt sein heutiges Erscheinungsbild während einer Umgestaltung Mitte des 19. Jh.

› *An den Stränden Rivas genießt man das klare Wasser vor einer Bergkulisse*

Karte Seite 144

016mg-ts

⑩ Ascensore panoramico Bastione ★ [S. 144]

Der Ausblick ist fantastisch und die Fahrt kurzweilig: Der **Schrägaufzug** mit gläserner **Panoramakabine** bringt Fahrgäste in rund 3 Min. hinauf zur **Bastione**, der exponiert stehenden Turmruine einer venezianischen Festungsanlage vom Beginn des 16. Jh. Der spektakuläre Aufzug überwindet eine Strecke von 208 m und einen Höhenunterschied von 130 m. Wer lieber mehr Kalorien verbrennen möchte, gelangt auch **zu Fuß** zur Bastione. Ob nun per pedes oder mit dem Aufzug – oben empfängt hungrige und durstige Besucher neben der Turmruine außerdem ein **Restaurant** mit grandioser **Außenterrasse.**

› **Talstation des Panoramaaufzugs,** Via Monte Oro, Tel. 0464 554444, www.gardatrentino.it/de/infos/panorama aufzug-bastione_4287, Fahrzeiten Mo.–Do. 10–19, Fr.–So. 10–23 Uhr, einfache Fahrt: 5 €, Hin- und Rückfahrt 8 €, Kinder unter 120 cm kostenlos

› **Bastione Lounge & Restaurant,** Tel. 0464 076861, https://bastione.eu/de

Strände

Die Strände von Riva, wie die **Spiaggia Sabbioni** oder die **Spiaggia Porfina,** sind von der Altstadt aus in wenigen Minuten zu Fuß erreichbar und reihen sich bis an das östliche Ortsende beim Porto San Nicolò nahtlos aneinander. Über einen **Fußweg** am Seeufer, der bis Torbole ⑫ führt, gelangt man bequem zu allen Badeplätzen, die im Sommer gut besucht sind. Einige **Cafés** in Strandnähe sorgen für das leibliche Wohl. An den Stränden sind schwimmende **Plattformen** installiert, teils mit Rutschen, und es stehen **Kinderspielplätze,** Duschen sowie Toiletten zur Verfügung. Im Sommer (Ende Mai–Ende Aug.) sorgen **Rettungsschwimmer** an verschiedenen Strandabschnitten für Sicherheit.

Infos und Reisetipps

ⓘ13 [S. 144] **Info Point Riva del Garda,** Largo Medaglie d'Oro al Velor Militare 5, Tel. 0464 554444, www.gardatrentino.it/de/planen/info-point, Mai–Sept. tägl. 9–19 Uhr, Okt.–April tägl. 9–12.30 u. 14–17 Uhr

- **Parken:** Kostenpflichtige Parkplätze befinden sich z. B. an der Touristeninformation, an der Terme Romane 7 oder an der Durchgangsstraße Viale Rovereto in Richtung Torbole 12.
- **Sailing du Lac,** im Du Lac et du Parc Grand Resort (s. S. 15), Tel. 0464 552453, www.sailingdulac.com. Segelschule und Sportcenter, das Kurse und Touren anbietet: Segeln mit Jolle oder Katamaran (2 Std. ab 85 €), Windsurfen (Schnupperkurse 2½ Std. 72 €), SUP (2 Std. 55 €) und Canyoning. Zusätzlich Fahrrad- und Kajakverleih.

Essen und Trinken

14 [S. 144] **Bar Gelateria Cristallo** €, Piazza Catena 11, Tel. 0464 553844, www.cristallogelateria.com. Familie Panciera bürgt für tolle Eisqualität ohne künstliche Zusatz- und Farbstoffe. Die vielen Eisvariationen schmecken köstlich und frisch. Das alteingesessene Lokal verfügt über eine schöne Außenterrasse mit herrlichem Hafenblick. Am Morgen wird auch Frühstück serviert. Außerdem sind einige herzhafte Speisen im Angebot, darunter auch vegetarische, vegane und glutenfreie Gerichte.

15 [S. 144] **Officina Verde – Cucina Vegetale** €, Località S. Giacomo 6, Tel. 0464 791012, https://linktr.ee/officina.verde. Kleines Restaurant etwas abseits des Zentrums mit schmackhaften Speisen, ausschließlich vegane Gerichte. Es wird auf Nachhaltigkeit und lokale Produkte geachtet. Adults only: Begrüßt werden Gäste ab 14 Jahren.

16 [S. 144] **Ristorante Leon d'Oro** €€, Via Fiume 28, Tel. 0464 552341, www.leondororiva.it. Im „Goldenen Löwen" speist man vorzüglich, die Auswahl ist groß. Selbst gemachte Pasta und Pizza, klassische Spezialitäten aus dem Trentino und eine Vielzahl von Fischsorten landen variantenreich zubereitet auf dem Teller. Vor dem beliebten, von der Familie Salvaneschi bereits seit 1938 geführten Restaurant stehen in der Fußgängerzone zahlreiche Tische. Im Inneren warten großzügige Räume zwischen geschichtsträchtigen Mauern auf hungrige Gäste. Unbedingt probieren: hausgemachte Makkaroni mit Auberginensoße und rotem Thunfisch, marinierten Lachs mit Avocado und rosa Pfeffermousse oder gratinierten Saibling mit Kartoffel-Sellerie-Püree.

Einkaufen

17 [S. 144] **Leonardo Guizzetti,** Via Fiume 41, www.leonardoguizzetti.com. Qualitativ hochwertige und optisch ansprechende Ledertaschen aus Italien und andere Accessoires aus Leder wie Gürtel und Geldbörsen. Herrliche Einzelstücke, die robust und langlebig sind.

017mg-ts

Viele Restaurants servieren italienische Küche unter freiem Himmel

18 **Morghen Bio & Co.**, Viale Rovereto 101, auf Facebook. Für Freunde von Bioprodukten lohnt sich der Weg zu diesem kleinen Biomarkt in der Nähe des Jachthafens San Nicolò, denn hier findet man etliche Käsesorten, Obst und Gemüse, Getreide und Mehl, Milchprodukte, Kosmetik und vieles mehr. Eine freundliche und kompetente Beratung gibt es gratis dazu.

19 **Omkafè,** Via Aldo Moro 7, www.omkafe.com. Fabrikverkauf der Kaffeerösterei mit angeschlossenem, kleinem Kaffeemuseum (Eintritt frei), in dem u. a. historische Röstmaschinen ausgestellt sind. Man kann hier auch Schokolade und Aufstriche kaufen.

20 [S. 144] **Studio Bibliografico Benacense,** Via Disciplini 32, www.studiobenacense.it. Das bestens sortierte Antiquariat ist schon aufgrund seines historischen Gemäuers einen Besuch wert. Untergebracht ist es in den Räumlichkeiten der einstigen Chiesa di San Giuseppe. Die Überreste der Kirche sind direkt neben dem Geschäft im Durchgang von der Alt- in die Neustadt Rivas gut zu erkennen. Im hinteren Bereich des Buchladens sind noch Fresken aus dem 16. Jh. zu sehen. Der umtriebige Mario Giupponi verkauft hier Tausende historische Bücher, moderne und alte Postkarten aus Riva und geschmackvolle Poster.

Unterhaltung, Nachtleben

21 [S. 144] **Pub all'Oca** €, Via S. Maria 15, Tel. 0464 553457, www.puballoca.it. Seit 1982 bestehende urige und einladende Bar mitten in der Altstadt mit schön begrünter Außenfassade. An der mit Barhockern bestückten, halbrunden Holztheke schenkt das freundliche und gut geschulte Personal unterschiedlichste Whiskey-, Rum- und Ginsorten aus. Viele Segelaccessoires an den Wänden. Bequeme tabakfarbene Ledersofas laden zum längeren Verweilen ein, bei Sonnenschein genießt man neben den hochprozentigen Spezialitäten auch Kaffee an einem der Außentische. Rum-Degustation mit drei Sorten.

22 [S. 144] **Rivabar** €, Largo Medaglie d'Oro 2, Tel. 0464 551969, www.rivabar.it. Die angesagte Bar mit einer kleinen Terrasse im restaurierten alten Bahnhof überzeugt mit einer großen Auswahl an professionell gemixten Drinks und modernem Interieur. Hier kann man seinen Cocktail bis in die frühen Morgenstunden genießen und dabei auch noch den Klängen einer Liveband oder eines DJs lauschen.

Mein Tipp

Zu Besuch im Wasserkraftwerk

Ein spannendes **Ausflugsziel für Technikinteressierte** befindet sich an der Straße nach Limone 25 am Westufer südlich der Altstadt von Riva 1: das riesige Wasserkraftwerk der Stadt.

Die Entwürfe für das gelbe Gebäude stammen aus der Feder des Architekten **Giancarlo Maroni** (s. S. 55). Die Außenfassade schmückt eine mehrere Meter hohe **Skulptur** namens „Numen Aquarum“, eine Wassergottheit mit Dreizack und Stromblitzen, geschaffen von dem aus Riva stammenden Künstler **Silvio Zaniboni** (1896–1980). Den lateinischen Schriftzug über der Skulptur ersann der Dichter **Gabriele D'Annunzio** (s. S. 55) zur Einweihung des Werkes im Jahr 1926 – er bezieht sich auf die „göttliche Kraft“ des Wassers.

Das Bauwerk lässt sich im Rahmen von **Führungen** besichtigen.

•23 [S. 144] **Centrale Idroelettrica,** Via Giacomo Cis 13, Tel. 0461 032486, www.gardasee.de/riva-del-garda/wasserkraftwerk-hydrotour-dolomiti, Führungen tägl. 9–17 Uhr, Eintritt: Erw. 15 €, erm. 8 €, Reservierung erforderlich

⓫ Monte Brione ★★ [F1]

Zwischen Riva ❶ und dem Nachbarort Torbole ⓬ erhebt sich der knapp 380 m hohe, halbmondförmige Monte Brione. Der auffällige Berg ist das ideale Terrain für eine **Wanderung** mit Blick auf den See und die Stadt. Vom Forte San Nicolò am Ostende von Riva führt der ausgeschilderte **Rundwanderweg Sentiero della Pace** („Friedensweg") über teils steiles Gelände hinauf und über meist breite Forstwege bzw. verkehrsarme, asphaltierte Straßen wieder hinab (ca. 4–5 km, ca. 1½–2 Std.).

Flankiert wird der Berg von der Schwellenlandebene des Flusses **Sarca.** Während die Westseite zu Riva hin ganz allmählich ansteigt, präsentiert sich die Ostseite mit fast **senkrechten Felswänden.** Hier bieten sich gute Möglichkeiten zum **Klettern.**

Teile des Monte Brione stehen unter **Naturschutz**, da in diesem besonderen Habitat eine große Diversität bei der Flora besteht – manche Wissenschaftler sprechen von über 500 verschiedenen Pflanzenarten, darunter verschiedene Orchideen. Außerdem gibt es, auf der gesamten Fläche verstreut, mehrere **Bunkeranlagen** und **Geschützstellungen**, die Ende des 19. Jh. bzw. Anfang des 20. Jh. von den Österreichern zur Verteidigung errichtet wurden. Diese lassen sich nur von außen besichtigen bzw. teilweise begehen.

› **Anfahrt:** kostenpflichtiger Parkplatz am Forte San Nicolò an der Straße nach Torbole ⓬, von dort wenige Minuten Fußweg zum ausgeschilderten Sentiero della Pace

Der winzige Jachthafen von Torbole liegt geschützt hinter einer Kaimauer

⓬ Torbole sul Garda ★ [F2]

Die vor allem bei **Aktivurlaubern** beliebte Ortschaft am Nordufer des Gardasees grenzt östlich an Riva ❶, nur getrennt durch den **Monte Brione** ⓫. Torbole zeigt sich jedoch weniger mondän und besitzt eine überschaubarere Anzahl historischer und kultureller Attraktionen als sein urbaner Nachbar. Dennoch ist der Ort, in dem schon **Goethe** (s. S. 30) und andere Künstler Inspiration fanden, mit seinem Alten Hafen ⓭, dem kleinen, aber feinen Altstadtkern und dem in den Gardasee mündenden Fluss **Sarca** einen Besuch wert.

An der bis nach Riva führenden, attraktiven **Uferpromenade** lässt es sich in einem der **Cafés oder Restaurants** vorzüglich ausspannen, während man die vorbeiflitzenden Surfer beobachtet. Oder man wird selber aktiv und nutzt die berühmten, hier am Nordufer auftretenden Winde (s. S. 96) zum Wellenritt. Wie im gesamten Norden des Gardasees sind auch rund um Torbole tolle **Wander-, Bike- und Klettertouren** möglich, geführt oder auf eigene Faust – ein empfehlenswerter Anbieter vor Ort ist **Canyon Adventures** (s. S. 105). Ein paar Höhenmeter vom Zentrum entfernt, beim **Busatte Adventure Park** (s. S. 31), begrüßt ein reizvoller **Panoramaweg** wanderfreudige Besucher (s. Wanderung 1 auf S. 98).

Der **Name** des Ortes geht auf das trübe Wasser an der Mündung des Sarca-Flusses zurück, das man *acquae turbulae* bzw. *acque torbole* nannte. In der Vergangenheit ging es in Torbole nicht immer so friedlich zu wie heute. Berühmtheit erlangte der Ort wegen einer **Seeschlacht** im Jahr 1439, deren Vorbereitung erhebliche Anstrengung bedeutete (s. S. 30).

019mg-ts

Als Torbole noch kaum touristisch erschlossen war, lebten in der Ortschaft nur wenige Fischer in einer Handvoll Häuser zwischen See und Olivenhainen. Im Hafenbecken lagen ihre Boote vor Anker, wenn der Fang von Finte, Gardaseeforelle, Hecht und Aal verkauft war. Heute lebt hier niemand mehr allein vom Fischfang.

Das **Ortsbild** von Torbole hat sich mit der Fertigstellung der rund um den See führenden Gardesana vollkommen gewandelt, hat sie den Ort doch gewissermaßen zerschnitten. Die überschaubare **Altstadt** erstreckt sich oberhalb der Gardesana und weist einige historische Bauwerke und eine Handvoll Läden zum Shoppen auf.

Ein geeigneter und zentraler Ort, um einen **Rundgang** durch Torbole zu beginnen, ist das auffällige Casa del Dazio ⓭ an der Uferstraße, die in diesem Bereich zahlreiche **Parkplätze** besitzt. Bei einem Spaziergang an der **Uferpromenade** und durch den Altstadtkern mit der Piazza Goethe ⓮ entdeckt man weitere Sehenswürdigkeiten.

⓭ Porto Vecchio und Casa del Dazio (Altes Zollhaus) ★★ [F2]

Der **Alte Hafen** (**Porto Vecchio**) wurde höchstwahrscheinlich um 1439 während des Krieges zwischen Venedig und Mailand angelegt, als die erstgenannte Fraktion einen sicheren Ankerplatz am Gardasee für ihre von Mori nach Torbole auf dem Landweg geschleppte Kriegsflotte benötigte (s. S. 30). Quellen berichten außerdem von einem schon Ende des 12. Jh. existierenden Hafen, zu einer Zeit, als Torbole das vom Fürstbischof von Trient verliehene **Wiegerecht** für ankommende Waren besaß. Dabei handelte es sich wohl um einen recht einfachen Hafen, der an der Stelle der heutigen **Piazza degli Alpini** lag. Nach dem Weggang der Venezianer Anfang des 16. Jh. verloren die Stadt und ihr Hafen stark an Bedeutung. Erst rund 150 Jahre später kam es wieder zu einer vermehrten und Wohlstand bringenden Handelstätigkeit unter der österreichischen Regentin **Maria Theresia.** Als jedoch Mitte des 19. Jh. die **Eisenbahnstre-**

cke zwischen Verona und Bozen und 1891 die Strecke von Mori nach Riva fertiggestellt wurde, erlitten Torbole und sein Hafen den nächsten wirtschaftlichen Rückschlag.

Das im 18. Jh. auf der Hafenmole errichtete, ehemals österreichische **Zollhaus** war anfangs ein Fischerhaus. Im Jahr 2000 erstand die Familie Tonelli, die mehrere Hotels am Gardasee betreibt, das charmante Häuschen und restaurierte es. Im Inneren ist eine **Sammlung historischer Fotografien** von Menschen zu sehen, die eine innige Beziehung zu dem Ort hatten oder haben.

› **Casa del Dazio,** Via Benaco 26, www.tonellihotels.com/de/casa-del-dazio, Infos zu Besuchsmöglichkeiten unter Tel. 0464 540060

14 Piazza Goethe ★★ [F2]

Von der Uferpromenade aus gelangt man im Bereich des Alten Zollhauses 13 durch Querung der Straße in den „zweiten“ Altstadtabschnitt und auf die Piazza Goethe mit ihren Restaurants und Geschäften.

Am 12. September 1786 verbrachte **Johann Wolfgang von Goethe** (1749–1823) einen Tag in Torbole und schrieb in sein Tagebuch: „Heute

Eine Seeschlacht und ihre mühevolle Vorbereitung

Eine tollkühne Idee und ihre abenteuerliche Umsetzung sind eine kleine Zeitreise in die Wirren des 15. Jh. wert. Torbole 12 ist nämlich wegen einer Seeschlacht am Nordufer des Gardasees im Jahr 1439 in die Geschichtsbücher eingegangen. Sie ereignete sich während des fast 30 Jahre andauernden Konflikts zwischen Mailand und Venedig, der 1426 seinen Anfang genommen hatte.

Doch zuvor stand eine schier unlösbare und utopische Aufgabe an, deren Bewältigung sich die Venezianer in den Kopf gesetzt hatten. Denkt man an Schiffe, die unter schwierigen Bedingungen über Berge gezogen wurden, fällt vielen zunächst der Film „Fitzcarraldo“ von Werner Herzog ein, in dem Brian Sweeney, gespielt von Klaus Kinski, einen alten Flussdampfer durch den Amazonas-Urwald transportieren lässt. Eine ähnliche Idee trieb die Venezianer um. Sie entschlossen sich jedoch zu einer weit tollkühneren Unternehmung, um die Mailänder zu schlagen und das eingekesselte Brescia und die Region um den Gardasee zu befreien. Zunächst verschiffte man sechs 50 m lange Galeeren und weit über 20 Kriegsbarken flussaufwärts bis nach Mori, um sie dann auf dem Landweg über den Monte Baldo 76 zum Gardasee zu schaffen. Angeblich waren rund 2000 Ochsen und viele Hundert Mann nötig, um die Flotte mithilfe von Baumstämmen in Richtung Gardasee zu rollen. Dort wurden die Schiffe anschließend zu Wasser gelassen. Da die Mailänder Kriegsherren das kaum zu verheimlichende Manöver schon länger aus der Ferne beobachtet hatten, waren sie natürlich vorbereitet und besiegten die venezianische Flotte am 30. November 1439. Doch Venedig gab nicht auf. Die Armee zog sich zunächst zurück nach Torbole, baute dort neue Kriegsschiffe und überraschte die Mailänder Flotte, die im nahen Riva 1 vor Anker lag, im Frühjahr 1440 – diesmal siegte Venedig und der Gardasee stand nun wieder unter venezianischer Kontrolle.

hab ich an der Iphigenie gearbeitet, es ist im Angesichte des Sees gut von statten gegangen." Zu lesen ist diese Notiz über dem dortigen **Brunnen** auf einer Gedenktafel zu Ehren des weltberühmten Dichters, der von 1786 bis 1788 durch Italien reiste. Nach seinen Aufenthalten in Torbole und Malcesine (17) führte ihn seine Reise unter anderem weiter nach Verona, Venedig, Rom, Neapel und bis nach Sizilien. Später verarbeitete er seine Gedanken und Erlebnisse in dem zweibändigen Werk mit dem Titel „Italienische Reise". Darin findet man in Kapitel 4 die Zeilen: „Heute Abend hätte ich können in Verona sein, aber es lag mir noch eine herrliche Naturwirkung an der Seite, ein köstliches Schauspiel, der Gardasee, den wollte ich nicht versäumen, und bin herrlich für meinen Umweg belohnt."

An der **Casa Barcelli**, einem alten, herrschaftlichen Palazzo an der Piazza Goethe, befindet sich eine **Gedenktafel**, die an **Joseph II. von Habsburg** (1741–1790) erinnert, den Sohn Maria Theresias von Österreich und späteren Kaiser, der Torbole im August 1765 besuchte.

Infos und Reisetipps

S24 Busatte Adventure Park, Via delle Busatte 1, Tel. 3472880570, Mitte Juni–Mitte Sept. tägl. 10–19 Uhr, sonst nur Sa./So. 11–18 Uhr, Eintritt: ab 20 €. Hochseilgarten mit verschiedenen Routen, auch für Kinder.

Essen und Trinken

25 Ristorante Villa Cian €€, Via Sarca Vecchio 21, Tel. 3337169415, www.villacian.it. Top-Lage direkt an der Uferpromenade. Auf zwei Etagen und der herrlichen Außenterrasse mit Seeblick werden gelungene Pizzen serviert. Fisch- und Fleischliebhaber sowie Vegetarier kommen hier auf ihre Kosten. Es herrscht eine lockere Atmosphäre, besonders im Sommer, wenn auf der angrenzenden Grünfläche gechillt und Volleyball gespielt wird.

(15) Nago ★ [F2]

Viele Gäste schätzen die vorteilhafte, **windgeschützte Lage** von Nago oberhalb des Gardasees und des Ortes Torbole (12), die reichlich Sonnenschein garantiert, wobei beide Orte zur Gemeinde Nago-Torbole gehören. Das ruhige, attraktive **Bergdorf** offenbart seinen Reiz vor allem im historischen Ortskern, der sich südlich der Durchgangsstraße erstreckt.

Erstmals offiziell erwähnt wurde Nago im Jahr 1171. Historische Zeugnisse aus vergangenen Jahrhunderten finden sich entlang der Gassen im malerischen **Viertel San Vigilio.** Hier lockt beispielsweise die Pfarrkirche des Ortes, die **Chiesa Parrocchiale di San Vigilio,** die 1599 fertiggestellt wurde. Am Portal erkennt man das Wappen des 1532 geborenen und später zum Kardinal ernannten Giovanni Ludovico Madruzzo.

In der nahen Via Scipio Sighele befindet sich ein auffälliges, **ocker-gelb gestrichenes Haus** mit einer Bronzebüste und einer darunter angebrachten Inschrift. Dargestellt ist der angesehene, 1868 in Brescia geborene Soziologe, Kriminologe und Schriftsteller **Scipio Sighele.** Er starb 1913 in Florenz, nachdem er zuvor in Pisa, Rom und Brüssel an den dortigen Universitäten gelehrt hatte.

Vom Ortskern gelangt man zu Fuß zu der auf einem Hügel befindlichen Burgruine des **Castel Penede** (16) mit einem weitläufigen Areal, das einzigartige Ausblicke auf den See gewährt. Im unteren Bereich des Ortes

erbaute man die schon von Weitem zu sehende Festungsanlage **Forte di Nago**, die 1860–1861 von den Österreichern errichtet wurde (nur von außen zu besichtigen). Auch die eiszeitlichen Gletschermühlen **Marmitte dei Giganti** ⓱ sind einen Besuch wert. Neben den geschichtlichen Anreizen erfreut manch feines **Restaurant** die Besucher.

Für **Kletterfans** steht am Parkplatz eine **Infotafel** bereit, die über die Routen im nahen Klettergebiet **Falesia Belvedere** informiert.

› **Anfahrt und Parken:** über die SS240. Am Kreisverkehr gibt es einen großen kostenlosen Parkplatz. Über die Hauptstraße gelangt man in den Altstadtbereich und zum Castel Penede ⓰. Alternativ nimmt man ab Torbole ⓬ Buslinie 3 (4 Min. Fahrzeit).

› **Chiesa Parrocchiale di San Vigilio,** Via S. Vigilio 21

Der einmalige Ausblick lohnt den Aufstieg zum Castel Penede in Nago ⓯

⓰ Castel Penede ★★ [F2]

Die **Burg** thront auf einem rund 80 m hohen **Bergsporn** und wurde vermutlich Anfang des 13. Jh. von der **Familie Arco** errichtet, um das Gebiet zwischen Etschtal und Gardasee und insbesondere den Hafen von Torbole ⓬ überwachen zu können. Im Laufe der Geschichte gehörte die Anlage zur Republik Venedig und wurde 1703 durch die französischen Truppen des Generals Vendôme zerstört. Danach verfiel der Bau zusehends und ist heute nur als **Ruine** erhalten. Der Weg hinauf lohnt sich auf jeden Fall: Zwar ist die umzäunte Burganlage **aktuell nicht zu besichtigen**, doch der **Ausblick** auf den See ist fantastisch.

› **Wegbeschreibung:** vom Ortskern via Vicolo al Castello ca. 15 Min. zu Fuß

⓱ Marmitte dei Giganti ★ [F2]

An der Straße von Torbole ⓬ nach Nago ⓯, kurz vor Nago, sollte man einen Stopp bei diesem **Naturdenkmal** einlegen. Ein auf der linken Seite befindlicher **Parkplatz** mit herrlichem

Seeblick erleichtert das Anhalten und die Besichtigung der imposanten **Gletschermühlen** (wörtlich „Töpfe der Giganten"). Alte Mythen erzählen davon, dass sie als Trinkgefäße für Riesen dienten. Die Gletschermühlen haben sich während der letzten **Eiszeit** durch Schmelzwasser gebildet, das beim Herabstürzen Steine aus dem Karstgestein löste und diese herumwirbelte. So wurde der Fels allmählich ausgehöhlt. Die so entstandenen **Gletschertöpfe** sind umgeben von hohen, durch das Gletschereis abgeschliffenen und geriffelten Felswänden. Prähistorische Funde von Pfeilspitzen und Keramikfragmenten aus dem 4. und 3. Jahrtausend v. Chr. legen nahe, dass die Gletschermühlen einst bewohnt waren.

› frei zugänglich, Anfahrt über die SS240, Einstieg zum Fußweg östlich des Parkplatzes ausgeschildert

18 Arco ★★ [F1]

Das lebendige Städtchen mit seiner attraktiven Altstadt und seinen schmucken historischen Palazzi und der auf einem markanten Hügel thronenden Burg 19 befindet sich nur wenige Kilometer nördlich von Riva 1 und dem Doppelort Torbole-Nago. Arco wird durchflossen vom Fluss Sarca, dem größten Zufluss des Gardasees.

Im Herzen des Ortes fallen sofort die überdurchschnittlich vielen **Läden für Kletter- und Outdoor-Equipment** auf – ein Indiz dafür, dass Arco und die mit unzähligen Felswänden gesegnete Umgebung insbesondere bei **Kletterern, Mountainbikern und Wanderern** hoch im Kurs stehen. Im Winter vergnügt man sich bei einer Schneeschuhwanderung oder beim Eisklettern.

Die erste offizielle Nennung von Arco stammt aus dem Jahre 771, als der **Lombardenkönig Desiderius** und sein Sohn **Adelchis** regierten. Im **Mittelalter** entwickelte sich das Dorf halbkreisförmig um den Burgberg. Zu Beginn des 18. Jh. eroberten und plünderten die Truppen unter dem französischen General Vendôme während des Spanischen Erbfolgekrieges die Stadt. Im ausgehenden 19. Jh. erkor der österreichische **Erzherzog Albrecht von Habsburg** (1817–1895) Arco zu seinem Wintersitz und ließ den noch heute existierenden Palast samt angrenzender Parkanlage, das heutige **Arboretum** 21, erbauen. Seine Begeisterung für den Ort sprach sich rasch herum und so entstanden ansprechende Villen, weitere Parks

MEIN TIPP

Tour zum Lago di Loppio

Eine schöne **Tour**, ob per Fahrrad oder zu Fuß, bietet sich am zumeist trockenen **Loppio-See** [E2] an, der rund 3 km östlich von Nago 15 liegt. Zum **Ausgangspunkt** am 287 m hohen Gebirgspass **Passo San Giovanni** gelangt man mit dem Fahrrad oder Auto über die Straße **SS240** in Richtung Mori. Parkplätze sind so gut wie nicht vorhanden. Der Weg ist am Pass ausgeschildert und führt durch ein **Naturreservat** hinab zum früheren See. Dieser wurde im Zuge des Baus des Etsch-Gardasee-Tunnels in den 1950er-Jahren trockengelegt und ist heute nur noch nach ausgiebigen Regenfällen mit Wasser gefüllt. So entstand ein gut 100 ha großes **Sumpfgebiet.** Der Weg besitzt eine moderate Steigung bzw. kaum Gefälle, da man entlang der ehemaligen Eisenbahnlinie unterwegs ist, die den Gardasee mit den Regionen im Norden verband.

022mg-ts

und baumbestandenen Alleen wie die Via Magnolia. Im Winter füllte sich der Ort mit **Kurgästen.** 1889 verbrachte auch **Kaiserin Elisabeth,** liebevoll „Sissi" genannt, einige Zeit in Arco. Ebenso logierte der Dichter **Rainer Maria Rilke** in dem mondänen Städtchen und schrieb so manche Gedichtzeile über den Kurort (s. S. 36).

Bei einem **Rundgang** durch die Gassen und Straßen von Arco stößt man überall auf Zeugnisse aus der Vergangenheit: edle Villen, eindrucksvolle Kirchen, mittelalterliche Stadttore und einige historische **Wandgemälde,** etwa an der **Via Vergolano.** Das dortige Kunstwerk aus der zweiten Hälfte des 18. Jh. zeigt die Madonna mit dem Jesuskind. Eine andere Malerei, die ebenfalls die Madonna mit Kind darstellt, befindet sich in der **Via Stranforio Nr. 6** und stammt vermutlich aus dem 17. Jh. Außerdem lohnt sich ein Abstecher in den lauschigen Stadtpark **Giardini Pubblici** mit einem Denkmal zu Ehren des Malers Giovanni Segantini, einem Vertreter des Pointillismus.

Das imposante Castello di Arco thront hoch über der Stadt

19 Castello di Arco ★★★ [F1]

Seit vielen Jahrhunderten prägt der 278 m hohe Burgfelsen mit dem Kastell die Silhouette der trentinischen Stadt.

Der steile, aber gut zu bewältigende **Aufstieg** führt durch auf Terrassen angelegte **Olivenhaine** und bietet des Öfteren einen guten Ausblick auf Arco. Ein gläsernes **Aussichtsplateau** mit Infotafeln ermöglicht eine uneingeschränkte Sicht auf die Dächer der Altstadt und die Stiftskirche Collegiata di Santa Maria Assunta 20.

Oben verläuft ein Pfad durch das Burgareal. Dieser führt zu dem wohl von den Goten um das Jahr 500 erbauten **Torre Renghera** an der höchsten Stelle des Burgfelsens. Außerdem lassen sich zwei Wasserzisternen, Säle mit bei Restaurierungsarbeiten entdeckten **Freskenmalereien** aus dem 14. Jh. und der **Torre Grande** besichtigen. Ein Blick in das bedrückende **Steingefängnis** lohnt sich ebenfalls, denn er vermittelt einen Eindruck von den spartanischen Umständen, die ein Gefangener, manchmal bis zu seinem Lebensende, zu erwarten hatte, ein steinernes Plumpsklo inklusive. 1703 zerstörten die Soldaten des französischen Generals Vendôme, nach Aushungerung der Verteidiger, einen Großteil der Burganlage, die Mitglieder der **Familie Arco** Anfang des 13. Jh. hatten ausbauen lassen.

Unterhalb der Burganlage befindet sich an einer großen Wiese die **Bar al Castello** mit Tischen, Liegestühlen und einer herrlichen Panoramasicht.

› Via Castello 10, Tel. 0464 510156, April–Sept. tägl. 10–19 Uhr, Okt., Nov. bis 16, März bis 17 Uhr, Jan./Febr. nur Sa./So., Eintritt: 5 €, erm. 3,50 €, Kinder unter 12 Jahren frei

› **Bar al Castello**, Tel. 3407533824, tägl. 10–19 Uhr

› **Wegbeschreibung:** vom Zentrum ca. 20 Min. Fußweg über verschiedene Wege, z. B. ab dem Hotel Pace oder dem Hotel Rock

20 Collegiata di Santa Maria Assunta ★★★ [F1]

Eines der markantesten Bauwerke der **Trentiner Spätrenaissance** dominiert das Zentrum von Arco. Nach Plänen des kaiserlichen Hofarchitekten **Giovanni Maria Filippi** erbaut, zeigt sich die stattliche, 1671 eingeweihte **Stiftskirche** mit einer eindrucksvollen Fassade samt geschnitzter **Kassettentür** und einer Sonnenuhr an der zum öffentlichen Park gelegenen Außenwand.

Im **Kircheninneren** befinden sich acht fein geschnitzte Seitenaltäre und einige sehenswerte Ölgemälde, die zum Teil der **Brescianer Schule** des 17./18. Jh. zugeschrieben werden. 14 robuste Strebepfeiler tragen das Gewicht der Halle und des 61 m hohen **Glockenturms.** Am ersten Altar auf der linken Seite ist ein Gemälde von Domenico Brusasorzi aus dem 16. Jh. beachtenswert. Bekannte Familien vergangener Zeiten spendeten viele der bunten Glasfenster – Wappen der Habsburg-Lothringer oder der Bourbonen erinnern daran. Der letzte König von Sizilien, Franz II. aus dem Hause Bourbon-Sizilien, starb 1894 in Arco, seine sterblichen Überreste befanden sich einige Jahre in der Kirche. Unter dem **Mariä Himmelfahrt** gewidmeten Gotteshaus findet sich noch die winzige **Krypta** der einstigen St.-Michael-Kirche, die auf dem Friedhof neben der Stiftskirche stand.

Blick auf Arco 18, die stattliche Stiftskirche und den Monte Brione 11 im Hintergrund

021mg-ts

MEIN TIPP

Rilke-Promenade

Die mehrere Kilometer lange **Wanderroute** folgt den Spuren des österreichischen Lyrikers **Rainer Maria Rilke** (1875–1926) und verläuft über insgesamt **elf Stationen:** Station 1 befindet sich an der Eremitage San Paolo nördlich von Arco 18 am Sarca-Fluss, Nummer 11 nennt sich „I Mulini" und ist nördlich des Viertels Chiarano und der Kirche S. Antonio installiert. Zwischendurch trifft man beispielweise bei der Brücke über den Sarca-Fluss in der Nähe der Chiesa di San Giuseppe auf Station 2, wo auf einer Infotafel ein Arco-Gedicht von Rilke aus dem Jahr 1897 zu lesen ist. Auch am Castello di Arco 19 (Station 5) ist eine Infotafel installiert. Zusätzliche Informationen über die gesamte Tour erhält man beim **Info Point Arco** (s. rechts).

- › **Passeggiata Rilke,** ca. 7 km, ca. 2½ Std., ca. 220 Höhenmeter
- › **Weitere Infos:** www.gardatrentino.it/de/activity/die-rilke-promenade_8422

Unmittelbar vor der Kirche steht die **Fontana del Mosè**, der Moses-Brunnen. Das Bauwerk im Barockstil trägt das Wappen des Herrschergeschlechts von Arco. Die Stufen des Brunnens eignen sich gut für eine kurze Pause, um ein leckeres Eis oder ein Stück Pizza aus einem der nahen Gastrobetriebe zu genießen.

› Piazza delle Canoniche/Piazza III Novembre

21 Arboretum ★★ [F1]

Der Botanische Garten erfreut mit Pflanzen aus aller Welt und ist ein grünes Refugium nahe dem Stadtzentrum von Arco. Von hier bietet sich zudem ein fantastischer Blick auf das Castello di Arco 19.

1872 ließ **Herzog Albert von Habsburg** rund um seinen **Palast** an der Via Fossa Grande (nicht zu besichtigen) einen etwa 5 ha großen Park anlegen, der vorwiegend mit Zypressen, Zedern und Steineichen bepflanzt wurde. Der heutige **Botanische Garten** ist Teil der alten Parkanlage. Ab 1964 wandelte man das Gelände mit Unterstützung von Prof. Walter Glaser von der Universität Innsbruck in ein **Arboretum** um: Aufgrund des in Arco herrschenden mediterranen bis mitteleuropäischen Klimas gedeihen hier Baum- und Straucharten aus den unterschiedlichsten Regionen der Welt wie Asien, Australien, Südamerika sowie natürlich Süd- und Mitteleuropa. 1992 machte man den Park zu einer Außenstelle des Naturwissenschaftlichen Museums von Trient, womit der Erhalt des Botanischen Gartens gesichert war.

Den Garten durchziehen mehrere **Lehrpfade.** Weg 1 führt unter anderem vorbei an 100-jährigen **Steineichen** *(Quercus ilex),* einer immergrünen Eichenart, die im mediterranen Raum gedeiht und deren nördlichste Vertreter aktuell unweit von Arco, beim Tobliner See, gen Himmel ragen.

› **Parco Arciducale (Erzherzöglicher Park),** Via Fosse Grande, April–Sept. tägl. 8–19 Uhr, Okt.–März tägl. 9–16 Uhr, Eintritt frei

Infos und Reisetipps

i 26 Info Point Arco, Viale delle Palme 1, Tel. 0464 532255, www.gardatrentino.it/de/planen/info-point, tägl. 9–12.30 u. 14–17 Uhr

› Erfrischendes Naturschauspiel: der Wasserfall im Parco Grotta Cascata Varone

Essen und Trinken

27 **Bio Essere** €€, Via S. Catarina 49, Tel. 0464 516597, www.facebook.com/bioesserearco. In diesem gemütlichen Lokal kommen nur vegetarische oder vegane Gerichte aus Biolebensmitteln auf den Tisch.

Einkaufen

28 **Mezzacorona Società Cooperativa Agricola,** Via Goito 1, Bolognano di Arco, www.mezzacorona.it. Geschäft des Weinguts Mezzacorona mit Weinen, Olivenöl, Sekt und Grappa.

22 Parco Grotta Cascata Varone ★★★ [E1]

Rund 3 km von Riva 1 entfernt, im Ortsteil Varone und an der Nationalstraße 421, lohnt sich ein längerer Stopp. Der spektakuläre **Naturpark,** 1874 von König Johann von Sachsen und Prinz Nikola von Montenegro eingeweiht, weist zwei Höhepunkte auf: den aus dem Lago di Tenno 23 gespeisten und rund 100 m in die Tiefe stürzenden **Wasserfall Varone** und die durch das Wasser im Laufe von ca. 20.000 Jahren entstandene **Schlucht** mit der **Grotta Inferiore** und der **Grotta Superiore,** der unteren und der oberen Schlucht. In der unteren Schlucht erleichtern Stege und Treppen die Erkundung.

Warme Kleidung, gutes Schuhwerk und Regenschutz sind Voraussetzung für einen Besuch (Regencapes gibt es beim Souvenirshop). Zum Park gehören außerdem ein **Botanischer Garten** und ein **Picknick-Areal.**

› Località Le Foci, Abzweig an der SS421, Tel. 0464 521421, www.cascata-varone.com, Mai–Aug. tägl. 9–19 Uhr, April und Sept. tägl. 9–18 Uhr, März und Okt. tägl. 9–17 Uhr, Jan./Febr., Nov./Dez. tägl. 10–17 Uhr, Eintritt: 7 €, Familien (2 Erw., 2 Kinder) 24 €

23 Canale di Tenno und Lago di Tenno ★★★ [E1]

Die **Gemeinde Tenno** liegt oberhalb des Gardasees, ca. 8 km nördlich von Riva 1. Dessen malerische Ortsteile erstrecken sich entlang der kurvenreichen Straße, die hinauf bis zum **Lago di Tenno** führt. Der reizende **Tennosee** mit seinem leuchtend türkisfarbenen, sauberen Wasser liegt inmitten einer traumhaften Landschaft auf rund 570 Metern Höhe und ist zum **Baden** geeignet. Es gibt einen Kiosk und Toiletten vor Ort.

064mg©Francesco Berardi, stock.adobe.com

Auf halber Strecke zum See erhebt sich in Straßennähe auf einem Felsvorsprung das **Castello di Tenno** (in Privatbesitz). Im Ortsteil **Cologna di Tenno** lohnt sich ein Stopp, um die Weinkeller der **Acetaia del Balsamico Trentino** mit angeschlossenem **Restaurant** zu besichtigen – hier wird der berühmte italienische Essig hergestellt. In der vom Mittelmeerklima geprägten Gegend mit alpinen Einflüssen wachsen viele Oliven- und Kastanienbäume. Winzer bauen Wein auf Terrassen an.

Das mittelalterliche Örtchen **Canale di Tenno** wirkt wie aus der Zeit gefallen. Seine Schönheit verbirgt sich allerdings, wenn man den Ort lediglich auf der Durchgangsstraße durchquert. Wer sich aber auf einen Spaziergang durch die verwinkelten Gassen begibt, der kann durchaus ins Schwärmen geraten. Vorbei an schiefen Bruchsteinhäusern und über grob gepflasterte Plätze spürt man den einzigartigen Reiz dieses Bergdorfs. Zwischendurch finden sich urige Herbergen, Restaurants und Kunsthandwerksläden. Jedes Jahr Anfang August erlebt das Mittelalter in Canale während des Festivals **Rustico Medioevo** (s. S. 109) eine Renaissance. Ein weiteres Ereignis ist der Ende November beginnende Weihnachtsmarkt **Mercatini di Natale** (s. S. 111). Das als **eines der schönsten Dörfer Italiens** ausgezeichnete Kleinod war aufgrund seiner abgelegenen Lage und der sich daraus ergebenden schwierigen Wirtschafts- und Lebensumstände nach dem Zweiten Weltkrieg einige Jahre lang völlig verwaist. Erst in den 1960er-Jahren brachten Künstler und Individualisten wieder Leben in den Ort. Noch heute zieht es kreative Menschen nach Canale. Ein wichtiger Anlaufpunkt für Liebhaber von Farben und Formen ist das Künstlerhaus **Casa degli Artisti.** Benannt nach dem Kunstmaler **Giacomo Vittone**, ist es heute eine Begegnungsstätte für Kunstschaffende weit über die Grenzen Italiens hinaus und ein Forum für wechselnde Ausstellungen. Zu sehen waren schon Werke von Dalí, Miró, Vasarely, Tamburi, de Chirico und Picasso. Ein Besuch des geschichtsträchtigen Hauses ist lohnenswert.

› **Anfahrt:** über die SS421

29 Acetaia del Balsamico Trentino, Strada di San Zeno 2, Cologna di Tenno, Tel. 0464 550064, www.acetaiadelbalsamico.it, Besichtigung nach vorheriger Anmeldung per Tel. oder E-Mail (Kontakt s. Website), mit Restaurant

30 Casa degli Artisti „Giacomo Vittone", Villa Canale 49, Ville del Monte, Tel. 0464 502022, www.casartisti.it, Di.–So. 10–12 u. 14–18 Uhr

24 Valle di Ledro und Lago di Ledro ★★★ [D2]

Der verwunschene Ledrosee leuchtet aquamarinfarben vor einer eindrucksvollen Bergkulisse mit bis zu 2000 m hohen Gipfeln.

Das **Ledrotal** auf rund 700 m Höhe ist ein Eldorado für Naturliebhaber, die in der ruhigen, waldreichen Umgebung wandern oder radfahren möchten. Oder man nutzt den rund 2,2 km² großen **Ledrosee** mit seinem kristallklaren Wasser, den einladenden Kiesstränden und großen Liegewiesen für ein entspanntes Sonnenbad, eine **Kanufahrt** (Verleih am Westufer des Sees beim Campingplatz) oder zum Angeln.

Eine malerische Kulisse: der Ledrosee mit den musealen Pfahlbauten

Ein besonderes Highlight ist ferner das **Pfahlbauten-Museum (Museo delle Palafitte)**, das in **Molina** direkt am Seeufer zu finden ist. **Hauptort** des Ledrotals ist **Bezzecca** einige Kilometer westlich des Sees.

Wer das Ledrotal im **Winter** besucht, kann schneeschuhwandern, skilanglaufen oder die einsame winterliche Atmosphäre bei einem Spaziergang durch die Dörfer genießen.

Noch bis Mitte des 19. Jh. waren das Tal und seine Dörfer nur schwer erreichbar. Die Region war völlig abgelegen. Damals mussten alle Waren über einen beschwerlichen, steilen Trampelpfad entlang der **Ponale-Schlucht** transportiert werden. Jahrhundertelang war das Leben hier oben karg, die Menschen mussten mit dem Wenigen auskommen, das die bescheidene Land- und Viehwirtschaft einbrachte. Erst im 17. Jh. verbesserten sich die Lebensumstände mit dem Aufkommen von **Eisenhütten,** die sich vor allem in Molina und Prè ausbreiteten. Viele Hunderte Menschen, nicht nur die Arbeiter in den Werkstätten, sondern auch Zulieferer von Holzkohle oder Transporteure, kamen in Lohn und Brot. Mitte des 19. Jh. erreichten neue Bearbeitungstechniken das Tal. So konnten die Arbeiter spezielle Schuhnägel, die *Brocche a Zappa,* anfertigen. Diese nutzte man, um die damaligen, meist aus Holz gefertigten Sohlen zu verstärken und zu schützen.

1852 stellte man eine abenteuerliche, in die Felswand gesprengte, enge **Serpentinenstraße** fertig. Im Laufe des 20. Jh. gelangte diese Strecke für den motorisierten Verkehr an ihre Grenzen und wurde stillgelegt. Die sogenannte **Strada del Ponale** hat sich inzwischen zu einem beliebten Weg für **Wanderer und Mountainbiker** entwickelt. **Autofahrer** gelangen heute über eine gut ausgebaute und mit zwei bis ca. 4 km langen Tunneln ausgestattete Straße ins Ledrotal.

› **Anfahrt:** ab Riva 1 über die SS240. Hat man den letzten Tunnel durchquert, führt kurz danach eine Abzweigung linker Hand in den Ort Pregasina. Weiter geradeaus erreicht man nach wenigen Kilometern Molina am Ufer des Ledrosees.

31 Museo delle Palafitte del Lago di Ledro (Pfahlbauten-Museum), Via al Lago 1, Tel. 0464 755565, www.palafitteledro.it/de, März–Juni und Sept.–Dez. tägl. 9–17, Juli/Aug. bis 18 Uhr, Eintritt: Erw. 4,50 €, erm. 3,50 €, Familien 9 €

Der Westen

25 Limone sul Garda ★★★ [E3]

Limone, die Stadt der Zitronen (s. S. 42), offenbart ihre Schönheit, sobald man die autofreien Gassen unterhalb der Durchgangsstraße betritt. Der attraktive Altstadtkern erstreckt sich bis zum Seeufer und punktet mit engen, gepflasterten Wegen und alten Mauern, an denen die Ranken des Kapernstrauchs, Begonien, Oleander und Clematis emporwachsen.

An der belebten und großzügig gestalteten **Uferpromenade** reihen sich Bars und Restaurants mit Seeblick aneinander. Hier pulsiert Tag und Nacht das Leben. Romantischer geht es am winzigen **Porto Vecchio (Alten Hafen)** zu, wo 1908 die vier ersten öffentlichen Straßenlaternen aufgestellt wurden. Für ein abendliches Picknick bei Sonnenuntergang mit Wein und Oliven oder für ein erfrischendes Bad bei heißen Temperaturen eignet sich der ausgedehnte **Kiesstrand Spiaggia Cola** südlich der Altstadt. In der Altstadt lohnt sich ein Blick in die **Chiesa di San Benedetto Abate.** In dem 1691 erbauten barocken Gotteshaus sind einige herausragende Kunstschätze untergebracht.

Die legendären **Zitronengewächshäuser** namens **Limonaia** sind das i-Tüpfelchen auf der touristischen Agenda, insbesondere die **Limonaia del Castel.** Eine Inschrift an einem Brunnen nennt den 15. April 1786 als deren Gründungsdatum. Auf einer Fläche von gut 1500 m² befinden sich insgesamt acht Terrassen mit den typischen Pfeilern und Mauern sowie rund 70 Zitrusgewächsen – von der Bitterorange *(Citrus aurantium)* bis zur Kumquat *(Fortunella).* Auf dem Weg durch die Anlage samt **Museum** berichten **Informationstafeln** über die Geschichte des Zitronenanbaus und -handels.

Einen Besuch wert ist außerdem das **Museo del Turismo** im früheren Rathaus, das mit historischen Fotos und nostalgischen Postern aufwartet.

Apropos Tourismus: Es sollte nicht verschwiegen werden, dass Limone vor allem in der **Hochsaison** tagsüber stark von Urlaubern frequentiert wird. Immer wenn eines der zahllosen Ausflugsschiffe am Pier anlegt und Jung und Alt von Bord gehen, kann es in der Altstadt durchaus gedrängt zugehen.

023mg-ts

024mg-ts

Von Limone aus hat man den Monte Baldo (76) und die Gipfel des Ostufers gut im Blick

Grandiose Szenerie mit Felsen und palmengesäumter Uferpromenade

Wer sich dazu entschließt, sein Urlaubsquartier in Limone zu beziehen, der erlebt vor allem am Morgen wunderbar geruhsame Momente, die Einblick in den Alltag der Bewohner gewähren. Im Straßencafé an der **Piazza Garibaldi** sitzend, zwischen Einheimischen, die vor der Arbeit noch schnell einen *caffè* an der Theke schlürfen, beobachtet man das allmähliche Erwachen des Ortes. **Souvenirstände** mit den obligatorischen tönernen Zitronen werden aufgebaut, der Fischhändler bringt die Tagesration frischen Fisch für die Restaurants, die Boutiquebesitzerin arrangiert ihre modische Ware und das Leergut vom Vortag wird abgeholt.

Der **Name** Limone geht nicht, wie man beim Anblick der vielen Zitronen im Ortsbild meinen könnte, auf die gelbe Zitrusfrucht zurück, sondern hat seinen Ursprung in dem lateinischen Wort *Limes* („Grenze") oder *Lima* (dialektal für „Fluss"). Andere Sprachforscher sehen in dem keltischen Wort *Lim* („Ulme") einen Zusammenhang zur Namensgebung.

In der Tat siedelten die **Kelten** um 600 v. Chr. in der Region, und zwar rund um den Lago di Ledro (24). Die Siedlung war lange Zeit ein einfaches Fischerdorf, deren Einwohner sich mit dem Olivenanbau ein Zubrot verdienten. Erst im 15. Jh. gelang Limone unter dem Einfluss der **Republik Venedig** ein gewisser wirtschaftlicher Aufschwung. Dank seines milden Klimas erlangte der Ort mit dem Bau zahlreicher Limonaia den Status des nördlichsten Zitronenanbaugebietes Europas. Schon **Goethe** bestaunte am 13. September 1786 die terrassenförmig angelegten Gärten mit ihren Zitronenbäumen, als er mit dem Schiff an Limone vorbeifuhr. Seit 1904 nennt sich der Ort Limone sul Garda. Seiner geografischen Isolation entkam das Dorf endgültig erst 1931 mit der Fertigstellung der **Gardesana.** Zuvor war es nur auf steilen und schmalen Pfaden von Tremosine und dem Ledrotal aus oder auf dem Seeweg zu erreichen.

Heute teilen sich Zweiradfahrer und Fußgänger den spektakulären, äußerst populären **Radweg Ciclovia del Garda** (s. S. 97), der über dem Wasser des Gardasees zu schweben scheint.

› www.visitlimonesulgarda.com

M 32 Limonaia del Castel, Via IV Novembre 25, Tel. 0365 954008, Juni–Sept. tägl. 10–22, April/Mai u. Okt. tägl. 10–18 Uhr, Eintritt: 2 €, Kinder bis 10 Jahre frei

M 33 Museo del Turismo, Via Comboni 3, Tel. 0365 954008, April–Okt. tägl. 10–22 Uhr, Eintritt frei

Infos und Reisetipps

- **34 Info Point Limone sul Garda,** Via IV Novembre 29, Tel. 0365 954720, www.visitlimonesulgarda.com, April–Okt. tägl. 8–20 Uhr, Nov.–März Mo.–Fr. 8–12 u. 13–17 Uhr, weiterer kleiner Infopavillon an der Piazzale A. de Gasperi am Seeufer (tägl. 8–22 Uhr)
- **Parken:** Es gibt einige Parkäuser und Parkplätze, meist oberhalb der Gardesana, etwa den Parkplatz Via Caldogno in der Nähe des Info Points. Von dort ist es ein kurzer Fußweg ins historische Zentrum. Oder man nutzt das große Parkhaus am Lungolago.

Essen und Trinken

- **35 Osteria Al Vecchia Fontec** €€, Via della Corda 21, Tel. 0365 954185, https://ristorantealvecchiofontec.eatbu.com. Versteckt in einer Altstadtgasse gelegen. Hinter einem stattlichen Holzportal und steinernen Rundbogen öffnet sich ein atmosphärischer Innenhof mit wenigen Tischen. Das kulinarische Portfolio bietet kreative und nicht alltägliche Gerichte mit regionalem Charakter, z. B. *carne salada* (Salzfleisch) mit Bohnen oder Kartoffelcremesuppe mit Esskastanien und Trüffel. Reservierung empfohlen.

26 Hochebene von Tremosine ★★★ [D3]

Fantastische Ausblicke, üppige Vegetation mit grünen Wiesen und Wäldern, im Hochsommer ein im Gegensatz zur Uferzone erfrischendes Klima und zahlreiche Wandermöglichkeiten charakterisieren diesen überaus reizvollen Landstrich auf einer Höhe von 400 bis knapp 700 m.

Die Zitronen von Limone

Wer Limone 25 besucht, kommt an der gelben, sauren Zitrusfrucht nicht vorbei. Überall in den Geschäftsauslagen springen einem förmlich unentwegt Zitronen ins Auge: Auf Geschirr prangen sie, in Form von Keramikschildern für die Haustür werden sie verkauft, in mannigfaltiger Ausprägung, ob als Schnaps, Limonade oder Likör, trinkt man sie, oder der Gemüsehändler bietet sie als reife Frucht feil.

In Limone, so heißt es, wurden die Zitrone und ihre Verwandten schon im 17. Jh. angebaut. Ein Gemälde aus dem Jahr 1658 zeigt die Stadt und eine typische Limonaia. Die ersten Anpflanzungen werden der Familie Bettoni zugeschrieben, die diesen Wirtschaftszweig Mitte des 17. Jh. in der Region etablieren und so Limone zu einem gewissen Wohlstand verhelfen konnte. Die Blütezeit der Zitronengewächshäuser war Anfang des 18. Jh. Die besten und größten Früchte der sogenannten Klasse „fine" wurden nach Polen, Ungarn und sogar nach Russland exportiert. Die weniger gut klassifizierten Exemplare verkaufte man in Italien oder in der eigenen Provinz. Zur damaligen Zeit schätzte man die Zitronen aus Limone ganz besonders. Grund dafür waren das fruchtige Aroma des Saftes und der Schale, die leuchtend gelbe Farbe und die eindrucksvolle Größe. So konnte man für diese Früchte den zwei- bis dreifachen Preis im Vergleich zu Zitronen aus anderen Regionen Italiens erzielen. Aufzeichnungen aus dem Jahr 1879 dokumentieren die Produktion von rund 500.000 Zitronen. Kurze Zeit später, als andere Provinzen Italiens viel günstigere Früchte auf den Markt brachten, begann der Niedergang dieses Wirtschaftszweiges in Limone.

Die im Naturpark **Parco Alto Garda Bresciano** liegende **Gemeinde Tremosine sul Garda** zählt insgesamt 18 Orte, die teilweise nur aus einigen wenigen Häusern bestehen und daher kaum touristisch vereinnahmt werden. **Hauptort** und Besuchermagnet ist das an einer steilen Felswand erbaute **Pieve di Tremosine** mit Restaurants und Geschäften. Der einzige am See befindliche Ort der Gemeinde ist **Campione del Garda** 27. Im Jahr 2010 erhielt Tremosine die Auszeichnung „borgo più bello d'Italia" und darf sich seither offiziell als **eines der schönsten Dörfer Italiens** bezeichnen.

Bei einem Gang abseits ausgetretener Pfade trifft man schon mal auf einen herzlichen Bauern, der einem zum selbst gebrannten Schnaps einlädt und über seine Heimat, seine Olivenbäume und Weinreben plaudert. Neben gut ausgeschilderten Strecken für **Wanderer und Mountainbiker** begeistert die Hochebene sportlich Aktive auch dank der bereitstehenden **Tennisplätze.** Bei kühleren Temperaturen lässt es sich beispielsweise im Ortsteil Bassanega vorzüglich spielen.

Erste Ansiedlungen stammen wohl aus der Zeit der **Etrusker**, wie eine in Voltino gefundene Inschrift vermuten lässt. Auch die Ortsbezeichnung „Tremosine" könnte aus dieser antiken Zeit stammen und sich auf eine Person namens Tremusina beziehen. Die Einwohner dieser seit mindestens 1268 bestehenden Gemeinde nennt man übrigens *Tremosinesi.* Jahrhundertelang waren die Hochebene und ihre Siedlungen nur über Wanderwege und Maultierpfade zu erreichen. Das änderte sich erst 1913, als die **Strada della Forra** (s. S. 44) für den Verkehr freigegeben wurde.

Der Ort Pieve di Tremosine liegt auf einer Höhe von 423 m an einem Felsvorsprung. Hier lockt ein besonderer Aussichtspunkt, der seinem Namen alle Ehre macht: Er wird liebevoll **Terrazza del Brivido**, übersetzt **„Schauderterrasse"**, genannt und befindet sich unweit der Restaurants und der Kirche im Zentrum. Hier blickt man nahezu senkrecht in die Tiefe auf das glitzernde Blau des Gardasees. Auf der gegenüberliegenden Uferseite erkennt man die Gipfel des Bergmassivs **Monte Baldo** 76.

Die Hochebene von Tremosine: klare Luft und fantastische Aussichten

KURZ & KNAPP

Die legendäre Strada della Forra

Manche nennen die **Panoramastraße,** auch bekannt unter dem Kürzel **SP38,** die schönste des gesamten Gardasees. Die Fahrt führt durch das wilde **Brasatal (Val di Brasa)** entlang eines Wildbaches vom Seeufer nach **Pieve** [D3] und zurück zum See. Dabei geht es durch enge, felsige **Schluchten** und schmale, teils einspurige **Tunnel,** die saisonal durch Ampelbetrieb reguliert werden – ein kurvenreiches Abenteuer. Nicht ohne Grund wurde hier die Verfolgungsjagd für den **James-Bond-Film „Ein Quantum Trost"** gedreht.

Entworfen wurde die Straße von dem „Poeten der Steine", dem 1862 geborenen **Arturo Cozzaglio.** Am 18. Mai 1913 war es so weit, die Öffentlichkeit fieberte der Eröffnung der Strecke entgegen. Im Rahmen einer feierlichen Zeremonie übergab der damalige Bürgermeister Domenico Milesi die Straße dem Verkehr. Doch bis dahin war es ein langer und schwieriger Weg gewesen: Besitzer von Grundstücken mussten enteignet und Schlechtwetterperioden überstanden werden. Mehrere Arbeitsunfälle, vier davon mit tödlichem Ausgang, verzögerten den Baufortschritt. Schlussendlich jedoch erstrahlte das technische Meisterwerk wie ein geschliffenes Juwel und begeistert seither Abertausende Besucher.

Es kommt vor, dass die Strada della Forra aufgrund von **Erdrutschen** abschnittsweise gesperrt ist, aktuelle und detaillierte Infos hierzu liefert die Website.

› **Infos:** www.stradadellaforra.com/de
› **Einfahrt:** entweder bei Pieve [D3] am Kreisverkehr an der Piazza Fossata oder über einen Abzweig an der Gardesana zwischen Campione del Garda 27 und Limone 25

Ebenfalls eine herrliche Panoramasicht genießt man vom **Vorplatz** der Pfarrkirche **Chiesa di San Giovanni Battista.** Das sakrale Gebäude ist Johannes dem Täufer geweiht und besitzt einen romanischen Glockenturm, ein Überbleibsel des ursprünglichen Bauwerks aus dem 12. Jh. Das heutige Aussehen der Kirche geht auf einen Neubau aus dem 17. Jh. zurück. Ein Blick ins Kircheninnere lässt das Herz von Kunstfreunden höher schlagen: Blickfang sind wertvolle Holzschnitzereien von Giacomo Lucchini, prächtige Altarbehänge von Domenico Corbarelli und sehenswerte Gemälde von Francesco Barbieri sowie Giovanni Battista Avrera.

› **Anfahrt:** Entspannt gestaltet sich die Fahrt auf der sich allmählich emporschlängelnden Straße von Limone 25 über Bassanega und Voltino hinauf nach Pieve. Eine kleine Herausforderung für Autofahrer stellt dagegen die kurven- und tunnelreiche Strecke der Strada della Forra (s. links) dar, einer der eindrucksvollsten Straßenverläufe am Gardasee.

★**36 Terrazza del Brivido (Schauderterrasse),** Piazza A. Cozzaglio 8, Pieve di Tremosine

37 Chiesa di San Giovanni Battista, Manca Via IV Novembre, Pieve di Tremosine

Essen und Trinken

38 Ristorante Miralago €€, Piazza A. Cozzaglio 2, Pieve di Tremosine, Tel. 0365 953001, www.miralago.it. Hauptsächlich aufgrund seiner spektakulären, über der steilen Felswand hängenden Räumlichkeiten bekanntes Restaurant mitten im Zentrum. Man speist über einem 400 m tiefen Abgrund. Die Fernsicht ist einmalig. Auf der Speisekarte finden sich Lasagne aus dem Ofen, *Tagliatelle ai Porcini* (Bandnudeln mit Steinpilzen) und diverse Fisch- sowie Fleischgerichte.

Sonntags serviert man außerdem den aus Fleisch, Kartoffeln und Salbei bestehenden *Spiedo* (Spieß), eine regionale Spezialität.

Einkaufen

39 **Alpe del Garda,** Via Provinciale 1, Tremosine sul Garda, www.alpedelgarda.it. Geschäft der Käsereigenossenschaft der Region Parco Alto Garda Bresciano, in dem man nicht nur Käse, sondern auch Wurst, Marmelade, Honig, Öl und Schnaps erwerben kann. Angeschlossen ist auch ein Restaurant.

27 Campione del Garda ★ [D4]

Einer der ungewöhnlichsten Orte am Gardasee ist das auf einer kleinen, **von steilen Felswänden umgebenen Landzunge** gelegene Campione. Es handelt sich um den einzigen am See gelegenen Ortsteil der **Gemeinde Tremosine.** Früher nur mit dem Boot oder über steile Pfade erreichbar, gelangt man heute mit dem Auto über einen **Tunnel** nach Campione. In dem kleinen Örtchen gibt es eine hübsche Pfarrkirche, ein traditionsreiches Restaurant, einen einladenden **Kiesstrand** mit Bar, ein modernes Hostel mit angeschlossenem **Wassersportzentrum** und einige Bauruinen. Vor allem aber finden hier **Surfer und Segler** Topbedingungen vor.

Geschaffen hat die winzige Landzunge der **Fluss San Michele,** der sich den Weg durch die Schlucht hinunter zum Lago di Garda bahnte und dabei Sand angeschwemmt hat. Die Entwicklung von Campione ist untrennbar mit einer von der Familie **Feltrinelli** 1896 eröffneten **Baumwollspinnerei** verbunden. Weit über 500 Menschen arbeiteten einst in der Fabrik und wohnten in kasernenartigen Unterkünften. Es gab eine Schule und ein kleines Theater. Ein gewöhnungsbedürftiges Leben, insbesondere, wenn man bedenkt, dass die Siedlung bis in die 1930er-Jahre nur mit dem Schiff zu erreichen war. 1981 machte die Fabrik dicht. Von den Fabrikgebäuden sind nur noch ein paar Ruinen erhalten, zwischen deren Mauerresten heute Jachten und Motorboote im Trockendock liegen. Einige der alten Wohnblocks sind aufwendig restauriert worden. Zusammen mit dem bereits erwähnten Hostel läuteten sie eine neue Epoche für den einst dem Untergang geweihten Ort ein, der nun bei Sportlern und Tagesausflüglern gefragt ist.

Unübersehbar ist die riesige, seit Jahren verlassene **Baustelle,** auf der ein Luxus-Resort entstehen sollte. Man spricht von fehlenden Baugenehmigungen und anderen Ungereimtheiten, die zu einem Stopp des millionenschweren Projekts geführt haben sollen.

› **Anfahrt:** über eine im Tunnel befindliche, leicht zu übersehende Ausfahrt der Gardesana, zu Fuß über den Wanderweg 267, der zwischen Pregasina und Campione verläuft

026mg-ts

Campione überrascht mit seiner einmaligen Lage auf einer Landzunge

28 Hochebene von Tignale ★★ [D4]

Südlich der Hochebene von Tremosine 26 breitet sich ein weiteres, hoch über dem Gardasee liegendes, hügeliges und für **Wanderungen und Mountainbike-Touren** bestens geeignetes Areal aus. Es zählt ebenso wie sein nördliches Pendant zum Naturpark **Parco Alto Garda Bresciano.** Urlauber schätzen die frische, klare und kühlere Luft in dem landschaftlich abwechslungsreichen Landstrich – vor allem im Sommer, wenn es in den Städten am See für den einen oder anderen schon mal zu heiß werden kann.

Auf einer Höhe zwischen rund 400 und 650 m verteilen sich auf einer weiten Fläche insgesamt sechs Orte: der **Hauptort Gardola** (556 m), **Piovere, Oldesio, Olzano** (647 m), das verträumte, klitzekleine **Aer** und **Prabione** mit dem **Besucherzentrum** des seit 1989 existierenden Naturparks samt angeschlossenem **Museum.**

Unbedingt einen Ausflug wert ist die zwischen Prabione und Gardola an einem steilen Felsvorsprung erbaute **Wallfahrtskirche Santuario di Monte Castello,** die allerdings nur über eine äußerst kurvige und zum Schluss recht steile Straße zu erreichen ist. Bei der Ankunft am Gotteshaus in 683 m Höhe wird man mit einem eindrucksvollen **Panoramablick** über weite Teile des Gardasees belohnt. Wer Zeit hat, kann alternativ von Gardola aus zur Kirche hinaufwandern (ca. 1,6 km, Gehzeit ca. 30 Min., ausgeschildert).

Die im 13. Jh. auf den Ruinen einer alten Tempelanlage erbaute Sakralstätte durchlief im Laufe der Jahrhunderte einige bauliche Veränderungen, insbesondere im 17. Jh. Betritt man das vor nicht allzu langer Zeit restaurierte Gotteshaus, gibt es einige herausragende Kunstschätze zu sehen, darunter das Deckengemälde „Krönung der heiligen Jungfrau Maria“ aus der Werkstatt **Giottos** (14. Jh.). Neben Bildern des Barockmalers **Andrea Celesti** ist ein ausdrucksstarkes Gemälde von **Giovanni Andrea Bertanza** beachtenswert, einem Vertreter der **Brescianer Schule.** Es erzählt die Geschichte um den Banditen **Zuan Zanone,** der am 17. August 1617 mit seinen gesetzlosen Getreuen den schon in die Jahre gekommenen Ritter Cavaliere Giovanni entführte. Die aufgebrachten Einheimischen nahmen die Spur der Verbrecherbande auf und konnten den Gefangenen unversehrt befreien. Die Banditen wurden in den Bergen um Tignale gestellt. Bei dem anschließenden Handgemenge verloren die Räuber ihr Leben.

Auf der **Aussichtsterrasse** des Gotteshauses serviert ein **Bistro** einige Kleinigkeiten. Das Gebäude hinter der Kirche birgt das 1950 gegründete „Haus der Spiritualität“ der Diözese Brescia.

Von der Kirche ist ein rund 20-minütiger Fußweg zum **Gipfelkreuz** des 779 m hohen **Monte Cas** ausgeschildert, der sehr empfehlenswert ist und weitere fantastische Ausblicke gewährt. Die Tour lässt sich auf dem **Wanderweg 266** verlängern. Es geht rund um den Gipfel und durch Kastanienwälder, bis man die Straße nach Gardola erreicht und von dort rasch wieder an der Kirche ist.

› **Anfahrt zur Hochebene:** mit dem Auto von Norden via Tremosine sul Garda [D3] oder über die von der Gardesana nördlich von Gargnano 29 in die Berge abzweigende Straße in Richtung Tignale und Piovere

028mg-ts

40 Museo del Parco Alto Garda – Centro Visitatori, Via Pascoli, Prabione di Tignale, Tel. 0365 761642, https://museoparcoaltogarda.it, Mo., Mi.-Fr. u. So. 14-18, Sa. 13-18 Uhr, Eintritt: Erw. 4 €, erm. 2 €

41 Santuario di Monte Castello, Via Don Domenico Triboldi, Tel. 0365 73019, www.tignale.org/lagodigarda/santuario-montecastello.html, Mitte März-Anf. Nov. 9.30-17.30 Uhr, Eintritt frei

42 Agriturismo Al Lambic und Grappa-Brennerei Bettanini, Vicolo S. Zenone 1, Prabione di Tignale, https://agrilambic.it, tägl. 9-12.30 u. 14.30-18.30 Uhr. Unterkunft mit angeschlossener Grappa-Brennerei. Der Grappa namens *Rugiada delle Alpi* („Alpentau") lässt sich vor Ort kaufen.

29 Gargnano sul Garda ★★ [C5]

Die **Gemeinde Gargnano** besteht aus insgesamt 13 Ortsteilen und erstreckt sich auf einer Fläche von mehr als 78 km². Neben den drei am See liegenden Ortsteilen **Gargnano** (Sitz der Gemeinde), **Villa** und **Bogliaco** umfasst sie noch einige im bergigen Hinterland verstreute Ansiedlungen wie Navazzo, Sasso und Liano, die zum **Parco Alto Garda Bresciano** gehören. Manche bestehen nur aus wenigen Häusern und sind nicht unbedingt einen Besuch wert.

Ein wenig versteckt gelegen ist das beschauliche und mit einer Prise mediterranen Charmes ausgestattete **Gargnano sul Garda** am Ufer des Gardasees. Das malerische alte Fischerdorf mit geschichtsträchtiger Vergangenheit besitzt einen romantischen, kleinen **Hafen** 31, dessen angrenzende Restaurants, Cafés und Herbergen eine entspannte Zeit abseits der touristischen Hochburgen der Region versprechen. Direkt am Ufer findet sich ein kurzer **Holzbohlenweg,** der einen ungetrübten Blick aufs Wasser freigibt. Die Atmosphäre ist selbst im Hochsommer noch ursprünglich und beinahe intim und man kommt mit dem Alltagsleben der Bewohner in Kontakt.

Gargnano sul Garda zählt zur berühmten **Brescianer Riviera,** ein Küstenbereich, der sich bis Salò 42 er-

Charmant und beschaulich präsentiert sich Gargnano

streckt und bestückt ist mit wundervollen, Hunderte Jahre alten Palazzi und stattlichen Häusern, die als prachtvolle Hotels oder schmucke Sehenswürdigkeiten bis heute eine hohe Anziehungskraft ausüben. Erwähnenswert ist etwa die **Villa Feltrinelli** (Via Rimembranza 38, www.villafeltrinelli.com) nördlich des Hafens, 1892–1899 als Sommerresidenz erbaut und heute eine der edelsten Luxusherbergen am Gardasee.

Einmal im Jahr im September fokussieren sich Segelfreunde aus aller Welt auf die im Ortsteil **Bogliaco** stattfindende Segelregatta **Centomiglia** (s. S. 110).

Schaut man sich am **Hafen** die Fassaden der Häuser genauer an, wird man überrascht von im Mauerwerk steckenden **Kanonenkugeln.** Dies ist keine dekorative Verzierung oder das Werk eines ortsansässigen Künstlers, sondern es sind Relikte, die an ein mehrtägiges Bombardement im Juli 1866 erinnern. Damals, während der Kämpfe des **Risorgimento,** einer Bewegung, die sich für einen unabhängigen italienischen Nationalstaat einsetzte, griffen österreichische Kriegsschiffe das Fischerdorf an. Dort hatten sich italienische und französische Schiffe verschanzt, die tagelang Widerstand leisteten. Im Oktober 1870 kam es dann zur ersehnten Einheit Italiens.

Ein weiterer Eintrag Gargnanos in die Geschichtsbücher geht auf die während des Zweiten Weltkriegs vom Deutschen Reich unterstützte „Italienische Sozialrepublik" zurück, die von September 1943 bis zum Kriegsende 1945 existierte. Staatschef **Mussolini** residierte seinerzeit in der Villa Feltrinelli und führte seine Amtsgeschäfte im **Palazzo Feltrinelli.**

› www.thisisgargnano.it

30 Chiesa e chiostro di San Francesco ★★ [C5]

Das **Franziskuskloster**, gegründet 1266 von dem von Franz von Assisi ins Leben gerufenen Franziskaner-Orden, verfügt über einen schönen quadratischen **Innenhof**, umgeben von einem Säulengang mit Rundbögen im venezianischen Stil. Schaut man sich die Kapitelle genauer an, springen einem Fische, Vögel und so manche Zitrusfrucht ins Auge. Der **Kreuzgang** stammt aus den Anfängen des 14. Jh. und enthält unter anderem ein Wappen der Gemeinde Gargnano aus dem 15. Jh., auf dem ein auf den Hinterläufen stehender Wolf erkennbar ist, der eine Lilie zwischen den Vorderläufen hält, identisch mit dem heutigen Wappen.

Die ursprüngliche Kirche mit ehemals drei Schiffen stellte man 1289 fertig. Im 17. oder 18. Jh. baute man das Gotteshaus zu einem einschiffigen Sakralbau um. Den **Innenraum** schmücken **Gemälde** der Künstler **Giovanni Andrea Bertanza** und **Andrea Celesti.** Bevor der gesamte Komplex 1912 zu einem schützenswerten Denkmal erklärt wurde, nutzte man die Räumlichkeiten beispielsweise Ende des 19. Jh. als **Lagerstätte für Zitronen.** Verantwortlich zeichnete die damals gegründete „Società Lago di Garda", ein Zusammenschluss aus Landwirten und Grundbesitzern, die sich durch die gemeinsame Vermarktung ihrer Zitronen und Oliven einen wirtschaftlichen Vorteil erhofften. Der Sitz der Società war in Gargnano und eben auch im hiesigen Franziskanerkloster.

› Via Roma 47

Der Hafen von Gargnano ist ein lauschiger Platz für eine Auszeit

31 Hafen und Loggia ★ [C5]

Der winzige, romantische **Hafen** bietet kaum mehr als zwei Dutzend kleinen Booten einen Ankerplatz. Von hier sind es nur wenige Schritte zum nächsten Café oder Restaurant mit Seeblick. Das ehemalige **Rathaus** der Gemeinde, auch als **Loggia** bekannt, steht direkt am Hafen an der **Piazza Feltrinelli.** Es fällt durch seine klassische Architektur und den mit Säulen versehenen Arkadengang auf. Das von Giovanni Traffegnini entworfene Bauwerk stammt aus dem 16. Jh. und wird heute für **Ausstellungen** genutzt.

32 Chiesa di San Martino ★★ [C5]

Die stattliche **Pfarrkirche** wurde auf den Resten eines weitaus kleineren dreischiffigen Gotteshauses, vermutlich aus dem 12. Jh., errichtet. Mit dem Bau des Gotteshauses begann man im März 1785, ein neuer Chor und ein Presbyterium entstanden, und im Juli 1788 konnte das Dach vollendet werden. Danach unterbrach man die Arbeiten für mehrere Jahrzehnte, möglicherweise spielten finanzielle Aspekte eine Rolle. Erst 1837 wurde unter der Anleitung des Brescianer Architekten **Rodolfo Vantini** die endgültige Fertigstellung in Angriff genommen, die nach weiteren zehn Jahren Bautätigkeit gefeiert werden konnte. Zu bestaunen war nun ein lichtdurchflutetes elliptisches Kirchenschiff mit Kuppel. Wenige Jahre später wurde das zentrale Kuppelauge mit Blech ausgekleidet, wodurch sich der Lichteinfall deutlich reduzierte.

Im Inneren finden sich barocke **Gemälde** des 1712 verstorbenen **Andrea Celesti** („Das Wunder des hl. Albert von Trapini"), von **Giovanni Andrea Bertanza** und **Gianbettino Cignaroli.** Bei manchen Werken wie der Darstellung eines Mitglieds der Bruderschaft „Disciplina" mit typisch weiß-schwarzer Kutte und einer mit einem Totenkopf versehenen Krone ist der Künstler unbekannt.

› Via Don Primo Adami 46

Infos und Reisetipps

› **Parken:** Als Startpunkt sind die an der abschüssigen Ortseingangsstraße (Via Roma) linksseitig gelegenen Parkplätze gut geeignet. Von hier gelangt man zum Hafen und der Loggia 31. Dort steht ein weiterer kleiner Parkplatz zur Verfügung.

029mg-ts

Essen und Trinken

Rund um das **Hafenbecken** und an der kurzen **Uferpromenade** gibt es die meisten Restaurants und Cafés, allesamt mit Tischen und Stühlen im Außenbereich und schönem Blick auf den Gardasee.

43 Bar l'Officina €, Piazza Vittorio Veneto 6, Tel. 3293737759. Am Platz vor dem Palazzo Feltrinelli kredenzen Francesca und Stefano seit 2014 tolle Weine und andere – nicht nur alkoholische – Getränke. Das von Einheimischen gern besuchte, gemütlich eingerichtete Lokal eignet sich für einen Aperitif und eine leichte Mahlzeit zwischendurch. Auf der schmalen, ums Eck verlaufenden Terrasse kann man wunderbar den Abend bei einem Drink ausklingen lassen. Hin und wieder gibt es hier kleine Feste mit Livemusik. Der Lokalname und die rudimentäre Malerei auf der Außenwand erinnern daran, dass hier vormals in einer Werkstatt Zweiräder repariert wurden.

33 Villa Bettoni ★★ [C5]

Die Villa Bettoni südlich von Gargnano 29 ist einer der größten Paläste am Gardasee. Vor der Fertigstellung der Gardesana in den 1930er-Jahren fügten sich der von Amerigo Pierallini angelegte **italienische Garten** und der nach dem Entwurf von Adriano Cristofori erbaute **Palazzo** aus dem 18. Jh. zu einem harmonischen architektonischen Gesamtkunstwerk – seither zerschneidet die Uferstraße das Ensemble. Der prunkvolle **klassizistische Palast** soll sich an den Stil von Schloss Schönbrunn in Wien anlehnen. Noch heute ist das Bauwerk im Besitz der Familie Bettoni. Im Rahmen einer **Führung** kann die Villa besichtigt werden.

› Via della Libertà 77, Bogliaco di Gargnano, Tel. 0345 0533653, www.villabettoni.it, Termine für Führungen (auch auf Deutsch) über die Website buchbar, Erw. 15 €, erm. 10 €

34 Toscolano-Maderno ★ [C6]

Das seit 1928 aus den beiden Ortschaften Toscolano und Maderno bestehende Städtchen erstreckt sich auf einer weitgehend flachen **Landzunge** in den Gardasee. Die meisten Urlauber verzichten auf einen Stopp und nutzen die gut ausgebaute Gardesana, um rasch nach Norden oder Süden zu gelangen. Zu Unrecht, denn die historischen Zeugnisse, der breite **Strand** und die urigen Gassen sind durchaus eine Stippvisite wert. Nicht nur die **beiden voneinander getrennten Ortskerne** mit ihren Kirchen, Cafés und herrlichen Palazzi sind sehenswert, sondern auch die **Umgebung** mit dem reizvollen **Papiermühlental**, das sich ausgezeichnet zu Fuß erkunden lässt (s. Wanderung 2 auf S. 100). Die beiden Ortsteile sind durch eine kilometerlange **Uferpromenade** miteinander verbunden.

Forscher nehmen an, dass auf dem Boden von Toscolano eine römische Siedlung bestand, die im Jahr 243 durch einen gewaltigen Erdrutsch ausgelöscht wurde. Bisher konnten Archäologen nur einzelne historische Relikte wie die **Villa Romana dei Nonii-Arii** 37 entdecken. Bei der ehemaligen Ansiedlung soll es sich um die einstige Stadt **Benaco** gehandelt haben, die dem See seinen ursprünglichen Namen gab.

Im 14. Jh. entfaltete sich der Ort zu einem wichtigen **Wirtschaftszentrum** der Region, Motor für diese Entwicklung waren die wilden Wasser des **Toscolano-Flusses.** Ihre Kraft nutzte man, um die im Tal erbauten **Papiermühlen** anzutreiben. Das feine und hochwertige Papier fand seinen Weg in die Druckereien Venedigs und sogar bis in den fernen Orient. Neben der reinen Papierherstellung baute man parallel die Kunst des Buchdrucks aus. Martin Luther, der große Reformator, benutzte eine in Toscolano gedruckte lateinische Bibel für seine so folgenreiche Übersetzung ins Deutsche. Die letzte dieser Produktionsstätten schloss Mitte des 20. Jh. ihre Pforten. Eine moderne Papierfabrik existiert noch in Toscolano nahe am See.

Ende des Zweiten Weltkriegs war der Ort, wie Salò 42 und Gargnano 29, Sitz wichtiger Einrichtungen der faschistischen „Italienischen Sozialrepublik“. In der **Villa Bianchi** in Maderno beispielsweise, gut an dem Schriftzug „Hotel Golfo“ erkennbar, befand sich damals für etwas weniger als zwei Jahre der Sitz der Faschistischen Partei Italiens.

Die Altstadt des **Ortsteils Maderno** erkundet man am besten über die Via Benamati mit ihren Geschäften, Kneipen und prächtigen Stadtpalästen. Sobald man den Toscolano-Fluss von Maderno in Richtung Norden überquert hat, befindet man sich im **Ortsteil Toscolano.** Über den Fluss führt neben der 1908 erbauten Straßenbrücke auch die **Alte Brücke** vom Beginn des 16. Jh.

› **Parken:** Im Ortsteil Maderno gibt es einen großen, kostenpflichtigen Parkplatz an der Durchgangsstraße gegenüber dem Hotel.

‹ Ein architektonisches Meisterwerk: die Villa Bettoni

35 Basilica di Sant'Andrea ★★ [C6]

Die **romanische Basilika** in Sichtweite der Gardesana stammt aus dem 12. Jh. und wurde vermutlich auf den Resten eines Tempels aus dem 5. Jh. erbaut. Der **Glockenturm** ist auf das Jahr 1469 datiert. Die **Fas-**

sade, deren Form auf das dreischiffige Innere hinweist, erhält ihre Helligkeit durch vielfarbigen Marmor und ist am Portal reich mit **Intarsien** verziert – zu erkennen sind Tiere wie Adler, Taube und Lamm. Ebenso findet sich die Darstellung der Jungfrau Maria mit dem Jesuskind.

Das sakrale Bauwerk stellt eines der schönsten Beispiele des **romanisch-lombardischen Baustils** dar, wobei veronesische Elemente hinzukommen. In der **Krypta**, die 1580 geschlossen und erst 1962 erneut geöffnet wurde, befand sich in dem dortigen Sarkophag früher die Reliquie des hl. Herculanus von Brescia, die heute ihren Platz in der nahen **Chiesa di Sant'Ercolano** gefunden hat. Interessant ist ferner das Madonnenbild von Paolo Veneziano.

Nur wenige Schritte neben der Basilika steht das **Denkmal „Bella Italia"**. Es zeigt eine Frau, deren Körper nur spärlich von wallendem Stoff verhüllt wird. Das Kunstwerk des 1859 geborenen Bildhauers Leonardo Bistolfi soll an den 1903 verstorbenen Politiker Giuseppe Zanardelli erinnern, der sich für die Belange der Region einsetzte.

› Piazza San Marco 16

36 Chiesa dei Santi Pietro e Paolo ★★ [C5]

Unübersehbar steht an der Gardesana die dreischiffige **Renaissancekirche** mit ihrer schlichten Fassade, die den beiden Heiligen **Peter und Paul** geweiht ist. Sehenswert sind die über 20 Gemälde des venezianischen Barockmalers **Andrea Celesti**, der 1712 in Toscolano starb. Die Gewölbemalereien des Hochaltars und der Apsis stammen ebenfalls von diesem berühmten Künstler und sind als **„Sixtinische Kapelle des Celesti"** bekannt. Celesti musste seine Wirkungsstätte Venedig unfreiwillig verlassen, da es ihm der Doge Andrea Grimani übel nahm, dass der Künstler ihn mit Eselsohren auf der Leinwand verewigt hatte.

Blickt man in der 1584 fertiggestellten **Pfarrkirche** auf den Boden, erkennt man etliche **Grabsteine** wichtiger Familien Toscolanos aus der Zeit des 16. und 17. Jh.

Unmittelbar hinter dem Gotteshaus, in Richtung See gehend, steht die ebenfalls sehenswerte Wallfahrtskirche **Santuario Madonna del Benaco.** Die kleine Kapelle besticht mit **Fresken** aus dem späten 15. Jh. und den Wappen einiger Adelsfamilien aus der Gegend. Sie ist der Schutzpatronin der Toscolaner geweiht.

› **Chiesa dei Santi Pietro e Paolo,** Via Statale Toscolano, Ecke Via Giovanni Caboto

› **Santuario Madonna del Benaco,** Via Statale Toscolano 9

37 Villa Romana dei Nonii-Arii ★★ [C6]

Geht man von der Chiesa dei Santi Pietro e Paolo 36 auf der Via Caboto in Richtung See, gelangt man kurz vor dem Eingang zur Papierfabrik zu der **überdachten Ausgrabungsstätte** einer **römischen Villa.** Das Wohngebäude gehört zu den bedeutendsten archäologischen Funden aus der Römerzeit am Gardasee und wird der Familie Nonii zugeschrieben. Das zur damaligen Zeit einflussreiche Geschlecht besaß weitreichende Besitztümer in der Region. Eine gefundene **Inschrift** weist auf Marcus Nonius Macrinus hin, der im 2. Jh. die Stellung als Prokonsul Asiens innehatte und als Legatus von Kaiser Marc Aurel diente. Die monumentale Villa stand parallel zum Seeufer, besaß einen großen Garten mit einem fast 50 m langen und 6 m breiten Brunnenbecken und zahlreiche Zimmer, von denen **Mauerreste** und wunderschöne **Mosaikfußböden** erhalten geblieben sind.

› Piazzale della Cartiera 28, nur von außen zu besichtigen

38 Museo della Carta (Papiermuseum) ★★ [C5]

Hier, im heute so idyllischen **Valle delle Cartiere (Papiermühlental)**, entstand im 15. Jh. die erste **Papiermühle**, die sukzessive bis ins 19. Jh. ausgebaut, mit Wohnungen für die Arbeiter und den Direktor erweitert und 1962 geschlossen wurde. Heute ist in dem Gebäudekomplex das **Papiermuseum** untergebracht. Es handelt sich um ein liebevoll ausgestattetes und informatives Museum, das auf anschauliche Weise die Geschichte der Papierherstellung rund um Toscolano-Maderno präsentiert. Interaktive Stationen und zahlreiche wertvolle Bücher aus dem 16. Jh. ergänzen das Museumserlebnis. Angeschlossen ist ein **Café**.

Das Papiermuseum ist Ausgangspunkt einer reizvollen **Wanderung durch das Papiermühlental** (s. S. 100).

› Via Valle delle Cartiere, Tel. 0365 641050, www.valledellecartiere.it, Ende März–Mitte Okt. tägl. 10–18 Uhr, Mitte Okt.–Anf. Nov. Sa./So. 10–18 Uhr, Eintritt: Erw. 7 €, erm. 5 €

› **Anfahrt und Parken:** von der Gardesana im Ort gen Norden über die Via Valle delle Cartiere durch mehrere Tunnel fahren. Direkt hinter einem dieser Tunnel liegt linker Hand einer kleiner Parkplatz.

030mg-ts

Im Papiermühlental lockt das urige Papiermuseum

Strände

Der breite Hauptstrand **Spiaggia Toscolano** zieht sich entlang der Campingplätze des Ortes und ist kieseliger Natur. Eine weitere Bademöglichkeit ist der Sand-Kies-Strand **Lido Azzuro** in Maderno, wo Sonnenschirme und Liegen gemietet werden können. Der kleine Kiesstrand **Spiaggia Riva Granda** liegt östlich der Villa Romana 37 im Norden von Toscolano. **Badeschuhe** sind grundsätzlich empfehlenswert. Einige **Lokale** am Seeufer sorgen für das leibliche Wohl.

39 Gardone Riviera ★★ [B6]

Prächtige Villen, altehrwürdige Hotels und bezaubernde Parkanlagen machen diesen von der Gardesana geteilten und bei der Durchfahrt oft kaum wahrgenommenen Ort zu einem charmanten und mit einer ordentlichen Portion Eleganz gewürzten Kleinod.

Am Ufer dominieren das in der glanzvollen Vergangenheit von Berühmtheiten wie Winston Churchill oder Kaiser Wilhelm II. bewohnte **Grand Hotel Gardone Riviera** und eine breite, liebevoll angelegte **Promenade** mit zahllosen Lokalen und Cafés, die sich zu einer Einkehr anbieten.

Oberhalb der Gardesana ist der von André Heller umgestaltete **Botanische Garten** 41 mit seinen Teichen und Pflanzen aus aller Welt eine Augenweide. Monumental, protzig und selbstverliebt gibt sich dagegen das als Denkmal ausgewiesene Anwesen **Il Vittoriale degli Italiani** 40 des Dichters Gabriele D'Annunzio (s. S. 55), das sich ebenfalls im hügeligen Hinterland des Ortes befindet.

Gardone Riviera hatte seine **Blütezeit** im 19. und 20. Jh., als sich das Dorf zu einem vornehmen und beliebten **Kurort** mit Weltniveau entwickelte. Eine entscheidende Rolle für den kometenhaften touristischen Aufschwung und das aufkommende internationale Interesse spielte der 1875 nach Gardone angereiste Österreicher **Luigi Wimmer** (1842–1883). Der Ingenieur, Bürgermeister des Ortes und Pionier des hiesigen Hotelgewerbes verliebte sich in die Region und ersann den Bau des Grand Hotels, starb aber noch vor der Eröffnung 1884. Etwa zur gleichen Zeit publizierte der deutsche Arzt **Ludwig Rohden** (1838–1887) die Ergebnisse seiner Untersuchungen über die positiven Auswirkungen des milden Klimas von Gardone auf die menschliche Gesundheit. Rohden praktizierte jedes Jahr im Winter in Gardone und starb dort 1887. Beide Herren kurbelten, jeder auf seine Art, den Kurtourismus an und machten aus Gardone einen kosmopolitischen **Luxusurlaubsort** für die reiche Elite und den Adel. Es entstanden vornehme Hotels sowie **Villen im Art-déco- und Jugendstil.**

Als 1921 neben anderen schillernden Künstlern, einflussreichen Politikern und geistreichen Intellektuellen Gabriele D'Annunzio den Ort und die Villa Cargnacco für sich entdeckte, erlebte die sogenannte **Brescianer Riviera** ihre Glanzzeit.

› **Parken:** Gebührenpflichtige Parkplätze befinden sich direkt oberhalb der Gardesana. An der Promenade gibt es keine Parkmöglichkeiten.

40 Il Vittoriale degli Italiani ★★★ [B6]

Das riesige Anwesen ist ein spektakulärer Museumskomplex, der viele Attraktionen vereint: eines der größten Amphitheater der Region, Alleen, Plätze, Gärten und Parks mit Brunnen, Wasserläufen und einem künstlichen Weiher. Die von Gabriele D'Annunzio (s. rechts) „Prioria" genannte Villa auf dem Gelände präsentiert sich noch genauso, wie der Dichter sie in den 1920er-Jahren einrichten ließ.

In den Zimmern der **Villa Priora** sind Tausende von Einrichtungsgegenständen und Kunstwerken aufbewahrt, die an das bewegte Leben und umstrittene Wirken des italienischen Dichters erinnern. Die von Mauern umgebene Anlage erstreckt sich über eine Fläche von ungefähr 9 ha. Dazu gehört auch ein **Turm** mit einem kleinen **Hafen** am See. Es ist eines der **meistbesuchten Museen Italiens** mit ungefähr 200.000 Besuchern im Jahr. Im Vittoriale befinden sich auch ein Torpedoboot, eines der ersten Flugzeuge der Kriegsgeschichte, ein Fiat Modell 4 und ein Automobil der Marke Isotta Fraschini. Im „Schifamondo" genannten Flügel sind das **Auditorium** und das **Kriegsmuseum** untergebracht. Der **Kreuzer „Puglia"**, der dem Dichter von der Kriegsmarine geschenkt wurde, ist besonders eindrucksvoll: Das Schiff steht auf einer Anhöhe, umringt von den Bäumen des **Parks.** Auf dem höchsten Hügel befindet sich das **Mausoleum** mit den Sarkophagen von D'Annunzio und einigen seiner treuen Begleiter, darunter **Giancarlo Maroni** (1893–1952), ein italienischer Architekt, unter dessen Leitung der ehemalige Wohnsitz von D'Annunzio entstand.

In den **Gärten** der Prioria begegnen wir zahlreichen Sehenswürdigkeiten wie dem Obstgarten mit der schmucken Figur einer nackten Frau, die Napoleone Martinuzzi schuf. An anderer Stelle, an der Viale di Aligi, trifft man auf die **Fontana del Delfino**, einen Brunnen, in dessen Mitte eine von einem Delfin begleitete

◁ Der Museumskomplex Il Vittoriale degli Italiani mit dem großen Auditorium ist ein echter Blickfang

KURZ & KNAPP

Gabriele D'Annunzio

Gabriele D'Annunzio wurde 1863 in Pescara geboren und starb 1938 in Gardone Riviera 39. Der berühmte **Dichter des Fin de Siècle** übernahm schon in jungen Jahren die Rolle eines flammenden Demagogen und Nationalisten und war eine der **Leitfiguren des frühen italienischen Faschismus,** jedoch nie Mitglied einer faschistischen Partei. Er galt als überzeugter Patriot und kämpfte im Ersten Weltkrieg. Nachdem die **Besetzung der Stadt Fiume** (heute Rijeka/Kroatien) im Jahr 1919 durch D'Annunzio und einige Tausend Freischärler misslang, zog sich der Schriftsteller in sein Anwesen Il Vittoriale degli Italiani 40 zurück, wo er auf Kosten der Regierung unter Mussolini bis zu seinem Tod auf großem Fuß lebte.

Aphrodite auftaucht. Vom Garten gelangt man zu zwei kleinen **Bächen,** die D'Annunzio „Acqua Pazza" und „Acqua Savia" („Verrücktes und gescheites Wasser") nannte. Im großen **Freilichttheater** mit 1500 Plätzen, das sich in einem herrlichen Park mit großartiger Aussicht befindet, wird in den Monaten Juli und August ein anspruchsvolles **Kulturprogramm** mit Ballett, Operetten, Kabarett und Konzerten von Klassik bis Pop geboten.

› Via del Vittoriale 12, Tel. 0365 296511, www.vittoriale.it, Anf. März–Sept. tägl. 9–20 Uhr, Okt. Mo.–Fr. 9–18, Sa./So. bis 20 Uhr, Nov.–Jan. Mo./Di. geschlossen, Febr. Mo. geschlossen, Eintritt inkl. Führung: Erw. 18 €, erm. 14 €, Onlinebuchung empfohlen, da für das Museum, das sich nur im Rahmen einer Führung besichtigen lässt, nur begrenzt Karten vergeben werden

MEIN TIPP

Baden und Klettern in Rimbalzello

Das schöne, großzügig angelegte **Strandbad** am Ende der Promenade im Süden von Gardone Riviera 39 verfügt über eine große Liegewiese, Sonnenschirme und ein aufgeschüttetes Sandareal mit direktem Zugang zum See. Im Restaurant samt Pizzeria kann man das ganze Jahr über speisen.

Der zugehörige **Abenteuer- und Hochseilpark** hat unterschiedlich schwierige **Kletterrouten** zu bieten und eignet sich als Ausflugsziel für die ganze Familie.

•**44 Lido Rimbalzello,** www.rimbalzellovillage.it, Eintritt ab 40 €, 2 Pers. inkl. zwei Liegen und Sonnenschirm am Strand

› **Rimbalzello Adventure**, www.rimbalzelloadventure.com, Juni–Aug. tägl. 10–20 Uhr, Familienkarte für 2 Erw. plus 2 Kinder ab 30 €

41 Giardino Botanico Gardone ★★★ [B6]

Der exotische Garten ist seit 1988 im Besitz der André-Heller-Stiftung des berühmten österreichischen Multimedia-Künstlers.

1901 kam der berühmte Zahnarzt und Naturalist **Arturo Hruska** (1880–1971), der das Klima am Gardasee zu schätzen wusste, nach Gardone. Um sein Wohnhaus herum legte er zwischen 1910 und 1971 einen rund 1½ ha großen botanischen Garten an, der heute rund **3000 Pflanzenarten** aller Kontinente und aus unterschiedlichen Klimazonen vereint: Magnolien, Primeln aus dem Tibet, Bambus jeder Größe, Iris und Farne, u.a. der seltene *Osmunda regalis.* Die Auswahl an subtropischen Pflanzen ist groß, eine Vielzahl an Wasserpflanzen gedeiht in kleinen **Teichen,** u.a. zwischen Wasserspielen der japanischen Landschaftsarchitektur. Felsen, Spalten und Schluchten betten die duftenden Blumen des Alpenbereichs ein.

1988 wurde der Universalkünstler **André Heller** auf den damals beinahe vergessenen und durchaus zugewucherten Garten aufmerksam und gründete eine Stiftung, welche die Pflege und Gestaltung der einzigartigen Grünanlage für mehrere Jahrzehnte sicherte. Er ergänzte den Garten außerdem um zahlreiche **Skulpturen,** u.a. von Keith Haring, Roy Lichtenstein, Auguste Rodin und André Heller höchstselbst. Die aktuellen Besitzer sind Jovanka und Hans Porsche, die weiterhin eng mit Heller zusammenarbeiten.

› **Giardino Botanico – Fondazione André Heller,** Via Roma 2, Tel. 336410877, www.hellergarden.com, März–Okt. tägl. 9–19 Uhr, Eintritt: Erw. 12 €, Kinder 6–11 Jahre 5 €

42 Salò ★★★ [B6]

In einer lang gezogenen, windgeschützten Bucht breiten sich die Häuser dieser reizenden Stadt aus. Den zum Parco Alto Garda Bresciano zählenden Ort halten viele für einen der schönsten am Westufer des Gardasees.

Das versteht man gut, wenn man die ausgedehnte und gepflegte **Seepromenade Lungolago Zanardelli** 43 entlangflaniert. Im südlich gelegenen **Jachthafen** funkeln nicht allzu protzige Jachten, im Schatten der kunstvoll verzierten **Arkadengänge** öffnen Läden ihre Türen. Hotels in historischen Gebäuden offerieren Zimmer mit Seeblick. In der geschichtsträchtigen und kulturell interessanten Stadt herrscht eine lockere und gleichzeitig stilvolle Atmosphäre.

In den **Altstadtgassen** erzählen die verschiedenen Viertel mit ihren jahrhundertealten Adelspalazzi, den prunkvollen Kirchen und den romantischen Plätzen ihre ganz eigene Version der Vergangenheit. Die Gegenwart offenbart ein lebendiges urbanes Gefüge mit authentisch italienischem Charakter, gepaart mit deutlich erkennbaren touristischen Strukturen, die die Harmonie des Ortes jedoch nicht aus dem Gleichgewicht bringen.

Im Zweiten Weltkrieg, von September 1943 bis April 1945, war Salò **Hauptstadt der faschistischen Repubblica Sociale Italiana** („Italienischen Sozialrepublik"), die deshalb auch als **Repubblica di Salò** bekannt ist. Bei einem Spaziergang durch den Ort entdeckt man etliche **Hinweistafeln** an Bauwerken, die darüber Auskunft geben, welche Funktion das jeweilige Gebäude während dieser Epoche innehatte. Aufschlussreiches über jene Zeit hält auch das sehenswerte **Stadtmuseum MuSa – Museo di Salò** bereit, das sich ein Stück außerhalb der Altstadt befindet. Es informiert außerdem über den Geigenbauer **Gasparo da Salò** (s. S. 58), dessen *Contrabasso Biondo* dort ausgestellt ist.

M 45 [S. 58] **MuSa – Museo di Salò**, Via Brunati 9, Tel. 0365 20553, www.museodisalo.it, Juni–Sept. Di.–So. 10–20 Uhr, Okt. Di.–So. 10–18 Uhr, Mitte März–Mai und Nov.–Anf. Jan. Fr.–So. 10–18 Uhr, Eintritt: Erw. 9 €, erm. 7 €

⊡ *Unterwegs in den Gassen von Salò*

032mg-ts

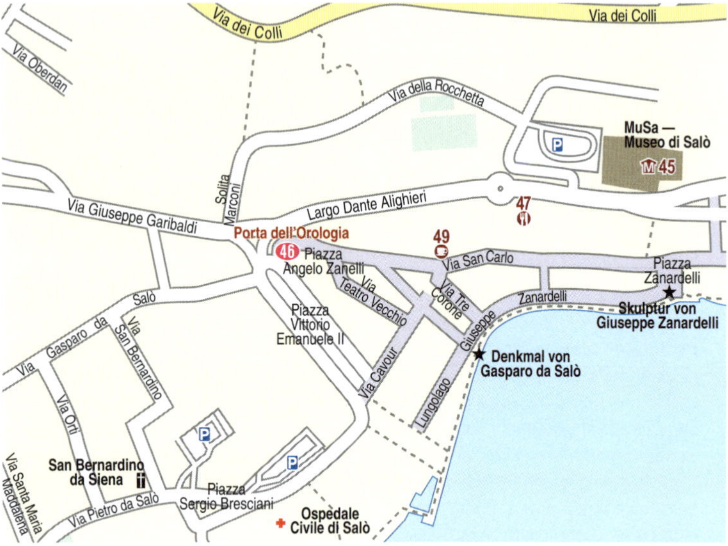

43 Seepromenade Lungolago Zanardelli ★★ [S. 58]

Entlang des halbmondförmigen Hafenbeckens verläuft die schön gestaltete kilometerlange Uferpromenade, auf der man einen erholsamen Spaziergang mit Seeblick unternehmen kann. **Cafés und Restaurants** am Wasser wechseln sich ab und auch etliche historische Bauwerke und Denkmäler lassen sich hier begutachten.

Am südlichen Beginn der Seepromenade steht das **Denkmal von Gasparo da Salò**, auch bekannt als Gasparo Bertolotti (1540–1609). Es ehrt den **Begründer der Brescianer Schule im Geigenbau.** Die bronzene Skulptur zeigt ihn beim Fertigen einer Violine. Alljährlich im Sommer findet in Salò das nach ihm benannte, hochkarätige **Violin-Festival** statt (s. S. 109). Das auf dem Sockel zu lesende Zitat von Gabriele D'Annunzio (s. S. 55) lautet übersetzt: „... man weiß nicht, ob er die Geige aus der Brust zieht oder ob er die Geige öffnet, um sein Herz darin zu verwahren." Außerdem wird der in Salò geborene Gasparo als Erfinder der Violine benannt. Ob das so stimmt, ist aus wissenschaftlicher Sicht nicht geklärt. Sicher ist, dass er einer der ersten großen Geigenbauer überhaupt war und dies schon im 16. Jh. Der berühmte Geigenbauer Antonio Stradivari lebte und wirkte erst ein Jahrhundert später.

Auf Höhe der **Piazza Zanardelli,** am Übergang der Via San Carlo zur Via Mattia Butturini, steht eine weitere beachtenswerte Skulptur, die **Giuseppe Zanardelli** darstellt. Der 1826 in Brescia geborenen Staatsmann, der Salò oft besuchte, war als hochrangiger Politiker Anfang des 20. Jh. für den Bau der neuen Uferpromenade mitverantwortlich, nachdem beim Erdbeben von 1901 vieles in Salò zerstört worden war und sich Platz für Neues bot.

5	Hotel Laurin S. 16	47	Gallo Rosso S. 60
45	MuSa – Museo di Salò S. 57	48	Osteria di Mezzo S. 60
46	Info Point Salò S. 60	49	Pasticcerie Vassalli S. 60

44 Palazzo della Magnifica Patria ★★ [S. 58]

Geht man auf der Seepromenade weiter gen Osten, stößt man auf diesen Stadtplalast. Das am Ufer mit seinen stilvoll gestalteten **Arkaden** ins Auge fallende Gebäude stammt aus dem 16. Jh. **Namensgeber** war ein 1334 gegründeter Zusammenschluss von rund 30 Gemeinden des westlichen Gardasees, bezeichnet als „Magnifica Patria". Während der Zeit der „Italienischen Sozialrepublik" (1943–1945) war in den Räumlichkeiten das Dolmetscherbüro untergebracht.

Direkt nebenan, durch einen mit Wappen geschmückten **Bogengang** verbunden, steht ein heute als **Rathaus** genutztes Gebäude, das im 14. Jh. erbaut und zunächst 1901 beim großen Beben zerstört wurde. 1905 war der Wiederaufbau beendet. Das als **Palazzo del Podestà** bekannte Haus beherbergt einige Gemälde von Malern, die im 17. und 18. Jh. am Gardasee geboren wurden. In der **Ratskammer** beeindruckt ein **Freskenbild** von Giovanni Andrea Bertanza mit dem Titel „Trionfo della Croce" („Triumph des Kreuzes").

› Piazza della Vittoria

45 Duomo di Santa Maria Annunziata ★★ [S. 58]

Über die von der Piazza Vittoria abgehende Via Duomo erreicht man den Mitte des 15. Jh. erbauten **Dom von Salò.** Den Sakralbau am Ostende der Promenade entwarf Filippo delle Vacche aus Caravaggio (Lombardei) im Stil der **Spätgotik.** Das größte und bedeutendste Gebäude der Stadt mit seiner **unvollendeten Fassade** betritt man durch ein respektables Renaissanceportal aus dem Jahr 1509.

Im dreischiffigen **Innenraum** sind wertvolle **Kunstwerke** aufbewahrt, darunter das gotische Altarbild von Bartolomeo di Isola Dovarese mit

Holzfiguren des Künstlers Pietro Bussolo oder Gemälde von Zenon Veronese sowie Andrea Celesti.

Die aus dem 16. Jh. stammende **Orgel** ist ein Werk des bekannten Brescianer Orgelbauers Gian Giacomo Antegnati. Beachtung schenken sollte man ferner dem hölzernen Kruzifix in der Taufkapelle von Hans von Ulm aus dem Jahr 1499.

Der an der Nordseite des Doms unübersehbar in den Himmel ragendende **Glockenturm (Campanile)** mit seiner achteckigen Kuppel wurde im Zeitraum des 14. und 15. Jh. erbaut.

› Piazza Duomo, tägl. 8.30–12 u. 15.30–19 Uhr

46 Porta dell'Orologia ★★ [S. 58]

Durch das **Uhrentor**, auch bekannt als **Torre dell'Orologia**, gelangt man in den **Altstadtkern.** Das einst wichtigste der westlichen Stadttore steht an der Piazza Vittorio Emanuele II. Ursprünglich im 15. Jh. erbaut, trug es wegen einer nahen Befestigungsanlage zunächst den Namen „Porta della Rocca". Das heutige Bauwerk samt Uhrwerk und Darstellung eines geflügelten Löwen entstand zwischen 1769 und 1772. Der sogenannte **Markuslöwe** gilt als Symbol der damals am See herrschenden Republik Venedig.

› Piazza Angelo Zanelli 20

Infos und Reisetipps

46 [S. 58] **Info Point Salò,** Piazza S. Antonio 4, Tel. 0365 21423, www.comune.salo.bs.it/pagina2185_info-point.html, Juni–Sept. Mo. 10–12, Di.–Sa. 10–14 u. 16–19, So. 10–13 Uhr, Okt.–Mai Di.–Sa. 9–13 Uhr

› **Parken:** Große Parkplätze und Parkhäuser finden sich unweit der Altstadt. Vom Parkplatz an der Piazza M. della Libertà erreicht man die Uferpromenade zu Fuß in wenigen Minuten.

Essen und Trinken

47 [S. 58] **Gallo Rosso** €€, Vicolo Tomacelli 4, Tel. 0365 520757, www.thegallorosso.com. In einer kleinen Seitengasse, abgehend von der Flaniermeile Via San Carlo gelegen. In geschmackvoll-klassischem Ambiente kreieren Paolo Benaglio und sein Team schmackhafte und wunderbar arrangierte Gerichte. Wenige Tische, eine Reservierung wird empfohlen. Kein Außenbereich.

48 [S. 58] **Osteria di Mezzo** €€, Via di Mezzo 10, Tel. 0365 290966, www.osteriadimezzo.it. In der Altstadt unweit des Seeufers befindliches Lokal mit nur einem knappen Dutzend Tischen. Man speist gemütlich und mit Stil in einem historischen Gebäude. Es wird auf Qualität und lokale und hausgemachte Produkte Wert gelegt. Exzellente Weine.

49 [S. 58] **Pasticcerie Vassalli** €, Via San Carlo 86, Tel. 0365 20752, www.pasticceria-vassalli.it. Seit 1930 bestehende Konditorei mitten in der Altstadt. Ob man nun drinnen oder draußen in der schönen Fußgängerzone sitzt, mag Geschmackssache sein. Dass die hochwertigen, mit viel Fingerspitzengefühl und auch für das Auge kreierten Küchlein und Plätzchen eine Labsal für die Geschmacksnerven sind, ist nahezu unbestritten. Es bereitet großes Vergnügen, an der meterlangen Glasauslage entlangzuschreiten, um der freundlichen Bedienung dahinter aufzuzeigen, ob man ein *bacetti di Salò*, ein typisch italienisches Stück Sbrisolona-Kuchen oder doch lieber eine Auswahl an hausgemachten Pralinen an den Tisch gebracht haben möchte.

Die kunstvoll gestaltete Pfarrkirche Chiesa dei Santi Felice, Adauto e Flavia in San Felice del Benaco

47 San Felice del Benaco ★★ [B6]

Das alltägliche Leben in diesem beschaulichen, nicht direkt am See liegenden Ort spielt sich am Platz vor der barocken Pfarrkirche **Chiesa dei Santi Felice, Adauto e Flavia** und in den angrenzenden gepflegten **Altstadtgassen** ab. In der Pfarrkirche sind neben dem aus Carrara-Marmor hergestellten Hauptaltar die Kuppelfresken von Carlo Innocenzo Carloni (1686–1775) einen Blick wert.

Der im 18. Jh. von der Adelsfamilie Rotingo aus Salò 42 erbaute **Palazzo Rotingo** in der Via XX Settembre dient als Rathaus der Gemeinde, was die Aufschrift „Municipio" an der Fassade verdeutlicht. Das Innere schmücken Kassettendecken aus Holz und fein gemalte Fresken.

Rund 500 m südlich des Ortskerns steht die von außen recht schlichte Wallfahrtskirche **Santuario della Madonna del Carmine,** die 1482 von den Karmelitern geweiht wurde. Sie birgt einige kostbare Fresken.

Zu dem von sanften Hügeln umgebenen Städtchen gehört der kaum 2 km vom Altstadtkern entfernte Hafen **Porto di San Felice.** Hier lässt sich ein Badestopp einlegen oder im ansässigen Café etwas trinken. Die beste Möglichkeit für einen Sprung ins kühle Nass des Sees besteht an der kieseligen Bucht **Baia del Vento** mit Liegen, Sonnenschirmen und kleinem Restaurant.

Wer gut zu Fuß ist, erreicht das zur Gemeinde gehörende **Portese** und das auf einem Hügel erbaute **Cisano** auf teils beschaulichen Wegen durch die ländliche Umgebung mit Blick auf die Isola del Garda 48. In Portese überragt die Ruine des **Castello di Portese** aus dem 14. Jh. die Dächer. Das Areal mit dem erhaltenen Turm und dem alten Friedhof ist frei zugänglich.

Die **Ursprünge** von San Felice reichen weit zurück: Pfahlbauten und römische Grabsteine zeugen von einer frühen Besiedlung durch die Römer, die dem Ort den Namen „Sinus Felix" („Glückliche Bucht") gaben.

50 Chiesa dei Santi Felice, Adauto e Flavia, Piazza Innocenza Moniga 1

51 Santuario della Madonna del Carmine, Via del Carmine 11

★**52 Castello di Portese,** Via Costanzo Ciano 20

Essen und Trinken

53 La Dispensa €€€, Piazza Municipio 10, Tel. 0365 557023, www.dispensabenaco.com. Am Hauptplatz in der Altstadt serviert man in diesem gemütlichen, italienisches Flair versprühenden Restaurant samt Weinbar manch kulinarische Köstlichkeit. Der Fisch ist empfehlenswert, der Service aufmerksam und die Weinkarte erlesen. Kleine, zum Platz hin durch Pflanzen abgeschirmte Terrasse.

Einkaufen

54 Frantoio Cooperativa Agricola San Felice del Benaco, Via delle Gere 2, www.oliofelice.com. Laden der 1946 gegründeten landwirtschaftlichen Genossenschaft, in dem man kalt gepresstes Olivenöl, aber auch Weine, Käse und ausgesuchte Bioprodukte kaufen kann.

034mg-ts

48 Isola del Garda ★★★ [B6]

Gardasee-Urlaubern sei ein Besuch der im Besitz der Familie Borghese Cavazza stehenden Insel mit der prachtvollen, im neugotischen venezianischen Stil erbauten Villa unbedingt ans Herz gelegt. Das Herrenhaus ist umgeben von einem gepflegten Park.

Architekt dieses 1880 in Auftrag gegebenen Kunstwerkes mit seinen orientalischen, gotischen und barocken Stilelementen war der damals sehr gefragte Baumeister **Luigi Rovelli** (1850–1911). Sein Studium absolvierte er unter Camillo Boito an der Kunstakademie von Mailand. Der imposante **Turm** des Anwesens wurde in Anlehnung an die Architektur des **Dogenpalastes** in Venedig erbaut. Als Baumaterialien wurden Sandstein, Marmor und Stahlbeton verwendet.

Die Isola del Garda ist die **größte Insel des Gardasees** und liegt rund 200 m vom Kap San Fermo am Westufer entfernt. Sie lässt sich nicht individuell besuchen, sondern nur im Rahmen einer **organisierten Tour.** Gäste lernen einige Räume der Villa, die **Parkanlagen** sowie den Englischen und Italienischen Garten kennen und erfahren Interessantes über die Familie, die Architektur, die Gemälde und die artenreiche Pflanzenwelt. Noch heute leben einige Familienmitglieder in getrennten Wohnungen mit ihren Familien.

› Tel. 3286126943, www.isoladelgarda.com, Besichtigung April–Okt., Preis für eine Tour inkl. Bootsfahrt, Führung (auch auf Deutsch möglich), Willkommensgetränk und Olivenölprobe je nach Abfahrtsort ab 36 €, erm. 32 €, Dauer der Führung ca. 2½ Std., Vorabbuchung über die Website erforderlich

› **Abfahrtshäfen:** u. a. Gargnano 29, Maderno 34, Gardone Riviera 39, Salò 42, Desenzano 51, Sirmione 55, Lazise 66, Bardolino 67, Garda 70 und Torri del Benaco 72

49 Rocca di Manerba ★★ [B7]

Der imposante Rocca-Felsen überragt die Südwestküste des Gardasees und ist ein fantastischer Aussichtspunkt.

Der Felssporn ist umgeben vom **Parco Archeologico Naturalistico,** dem Archäologie- und Naturpark. Dieser umfasst rund 100 ha und verfügt über ein **Besucherzentrum** mit angeschlossenem **Café** und dem **Museo Civico Archeologico della Valtenesi,** das sich auf zwei Stockwer-

031mg-ts

ken der Geschichte und Natur des Rocca-Felsens widmet. Im Erdgeschoss erwarten Besucher Ausgrabungsgegenstände und Informationstafeln, die aufzeigen, dass der Felssporn aufgrund seiner exponierten Lage schon seit der mittleren Steinzeit (8000–5000 v. Chr.) besiedelt war. Ausgestellt ist ferner ein Modell der Burg. Im Obergeschoss werden die landschaftlichen Besonderheiten einschließlich Flora und Fauna thematisiert.

Draußen am Parkplatz liegt der Startpunkt des 800 m langen **Wanderwegs** zum Gipfel mit den Relikten der mittelalterlichen **Festungsanlage** aus dem 12./13. Jh. und dem **Gipfelkreuz.** Entlang des Pfades sind **Infotafeln** aufgestellt, die auch in deutscher Sprache Auskunft darüber geben, was Besucher beim Spaziergang durch das geschichtsträchtige Areal zu sehen bekommen. Erkennbar sind drei von ursprünglich vier Mauerringen, wobei der innerste den Gipfel und das Kreuz einfasst. Die endgültige Zerstörung der Burg, die zu jener Zeit unter der Kontrolle von Banditen war, veranlasste 1576 ein gewisser Soranzo, der im Namen der Republik Venedig handelte.

Vom Rocca di Manerba ergibt sich ein **traumhafter Ausblick** auf die weite Umgebung mit Salò 42, der Isola del Garda 48 und der vorgelagerten Isola di San Biagio.

Mit den ersten **archäologischen Ausgrabungen** begann man 1881, dabei kam eine römische Nekropole, also eine Begräbnis- und Weihestätte, ans Tageslicht. Erste Zeugnisse einer prähistorischen Besiedlung kamen in den 1950er-Jahren zum Vorschein. Im Verlauf der nächsten Jahrzehnte führte man immer wieder langjährige archäologische Programme durch, unter anderem in Kooperation mit der Universität von Padua und der Universität von Birmingham (1995–2001). So entstand letztendlich der Archäologie- und Naturpark zum Schutz der für die Nachwelt wertvollen Funde.

› **Anfahrt und Parken:** vom Ortsteil Montinelle aus über die Via della Rocca. Die Ausschilderung führt zu einem Parkplatz am Beginn des Weges zum Gipfelkreuz.

› **Museo Civico Archeologico della Valtenesi,** Via della Rocca 20, Tel. 3396137247, www.museiarcheologici.net, Di.–Fr. 9–13, Sa./So. 9–13 u. 13.30–17 Uhr, Eintritt frei

‹ Reizvoll und grün liegt sie da, die Isola del Garda samt sehenswerter Villa

MEIN TIPP

Traditionsreiches Weingut Avanzi

Schon 1931 gründete Giovanni Avanzi das erfolgreiche Familienunternehmen und begann mit dem Weinanbau. Seit 2007 umfasst die Kellerei eine Anbaufläche von 3000 m². Im angrenzenden **Geschäft** können qualitativ hochwertige Weine (D. O. C.) erstanden werden, z. B. der junge Groppello Bellerive Garda Classico, der exzellente Lugana Sirmione oder der mit internationalen Auszeichnungen dekorierte **Chiaretto Valtènesi,** der berühmteste Avanzi-Wein. Zusätzlich produziert die Familie **Olivenöl** und als Besonderheit **Bier** in der zugehörigen Brauerei.

55 Avanzi, Via Trevisago 19, Manerba del Garda, Tel. 0365 551309, www.avanzi.net, tägl. 9–19.30 Uhr

› **Führung und Weinprobe:** Mai–Sept. Di. und Fr. 15 Uhr auf Englisch, Deutsch nach Absprache, Vorabbuchung tel. oder via Website erforderlich

Der Süden

50 Rocca di Lonato ★★ [A8]

Im touristisch wenig beachteten Städtchen **Lonato del Garda** im Hinterland ist die auf einem Hügel thronende viskontinisch-venezianische **Burganlage** einen Ausflug wert. Das weitläuftige Areal birgt außerdem zwei Museen, das **Ornithologische Museum** und das **Museo Casa del Podestà.** Der mit Türmen und einer zinnenbewehrten Mauer versehene Festungsbau ist knapp 200 m lang und etwa 40 m breit. Von oben genießt man einen herrlichen Blick auf die Umgebung und den Gardasee in der Ferne.

Die Gebäude werden von der Stiftung **Fondazione Ugo da Como** betreut. Das Casa de Podestà wurde 1450 erbaut und war Sitz der Podestà, des damaligen lokalen Vertreters der Republik Venedig. 1906 ersteigerte der Abgeordnete **Ugo Da Como** den in die Jahre gekommenen Bau und ließ ihn restaurieren. Er wohnte dort bis zu seinem Tod 1941 zusammen mit seiner Frau. Da keine Erben in Sicht waren, gründete Ugo da Como noch zu Lebzeiten die gleichnamige private Stiftung, um den Erhalt der Gebäude zu sichern. Heute können die prachtvollen Räumlichkeiten mit ihren wertvollen Antiquitäten und die Hausbibliothek mit rund 50.000 Büchern besichtigt werden.

› Via Rocca 2, Tel. 030 9130060, www.roccadilonato.it, **Festung und Ornithologisches Museum:** Mai–Sept. tägl. 10–18, Okt.–April Sa./So. 10–12.30 u. 14 Uhr bis Sonnenuntergang, Eintritt: Erw. 5 €, Kinder bis 14 Jahre 3 €, **Museo Casa del Podestà:** tägl. 10–18 Uhr, Eintritt: Erw. 8 €, Kinder 4 €, Kombiticket Erw. 10 €, Kinder 6 €

51 Desenzano del Garda ★★ [B8]

Viele Gardasee-Besucher haben diese eher unbekannte Perle unter den Uferstädten nicht auf ihrer Agenda. Völlig zu Unrecht, wie jeder bemerken wird, der den größten Ort am See mit seinen knapp 30.000 Einwohnern genauer unter die Lupe nimmt.

Die in der **Römerzeit** gegründete und wahrscheinlich nach einem reichen Bürger namens Decentius benannte Siedlung punktet mit einem geschichtsträchtigen und attraktiven Ortskern. Wunderbare Palazzi wie der von dem Architekten Giulio Todeschini entworfene **Palazzo del Provveditore** (Via Castello 1, dient heute als Ferienunterkunft) aus dem 16. Jh. erfreuen das Auge. An der **Piazza Malvezzi** mit ihrem romantischen Laubengang schlägt das Herz der Stadt. Das winzige, von Restaurants, Hotels und Geschäften gesäumte Hafenbecken des **Porto Vecchio (Alter Hafen),** der schon 1274 Erwähnung fand, ist ein pittoresker Blickfang. Bummeln lässt es sich nicht nur in der weitläufigen **Fußgängerzone,** sondern auch an der von kleinen Parkanlagen unterbrochenen **Uferpromenade.**

Angrenzend an die Altstadt und den neuen Jachthafen reihen sich nach beiden Seeseiten hin sieben **Strände** aneinander und auch der ein oder andere **Campingplatz** ist am See zu finden.

Desenzano ist eine dynamische Stadt und ein wichtiges **Handels- und Geschäftszentrum** der Region. Besucher aus den Nachbarstädten Brescia und Verona bevölkern die Gassen und Cafés und shoppen in den Boutiquen. Das Nachtleben ist meist in italienischer Hand, gefeiert wird bis in die Morgenstunden. Ausländische

Touristen fangen gerade erst an, diesen Ort für sich zu entdecken.

In der reizvollen ländlichen, nur leicht hügeligen **Umgebung** eröffnen sich bei **Wanderungen** oder **Radtouren** herrliche Ausblicke auf Weingüter mit ihren Rebstöcken, auf idyllische Olivenhaine und grüne Wiesen. Angebaut werden hochwertige D.O.C.-Weine wie der Lugana, der Garda Classico oder der San Martino della Battaglia.

Ein geeigneter **Ausgangspunkt** für einen **Stadtspaziergang** ist der Porto Vecchio mit der im Palazzo Todeschini untergebrachten **Touristeninformation.** Alle Sehenswürdigkeiten sind von hier aus in wenigen Minuten zu Fuß erreichbar.

› **Parken:** Zentral direkt am See parkt man auf dem Parcheggio Maratona (Via Anelli 40). Der Hafen und das Zentrum sind in wenigen Minuten fußläufig erreichbar.

52 Villa Romana und Antiquarium ★★ [B8]

Lange Jahrhunderte war diese **römische Villa** inmitten der Altstadt von Desenzano von Erdmassen begraben. Erst 1921 kamen die Reste des Gebäudekomplexes aus dem 1. bis 4. Jh. v. Chr. zum Vorschein. Forscher nehmen an, dass die imposante Villa zu einem noch größeren landwirtschaftlichen Areal gehörte, das sich im Besitz des römischen Bürgers **Decentius** befand. Dies könnte die ursprüngliche urbane Keimzelle der später nach dem Römer benannten Ansiedlung gewesen sein. Schon deshalb gehört die Villa zu den bedeutendsten ihrer Art in ganz Norditalien. Besondere Aufmerksamkeit verdienen die gut erhaltenen und fein gearbeiteten **Bodenmosaike.** Im angeschlossenen **Antiquarium** werden bedeutende Funde der Villa ausgestellt, darunter Keramik, Bronzewerkzeuge und Reste von Statuen.

› Via Crocefisso 22, Tel. 030 9143547, www.villaromanadesenzano.beniculturali.it, Di.–Sa. 9–19.30, So. 14–19.30 Uhr, Eintritt: Erw. 5 €, erm. 3 €, Kombiticket mit Grotte di Catullo 58 und Castello Scaligero di Sirmione 56 14 €

036mg-ts

Idyllisches Fleckchen in Desenzano: der Alte Hafen mit seinen Lokalen

53 Duomo di Santa Maria Maddalena ★★ [B8]

Schon das Betreten des Gotteshauses durch das stattliche **barocke Eingangsportal** aus dem 18. Jh. begeistert Liebhaber sakraler Bauwerke. Von der Kirche aus dem 15. Jh., die früher an dieser Stelle stand, sind nur der Glockenturm, einige Altartafeln und die Figur der Santa Maria Maddalena aus vergoldetem Holz erhalten geblieben. Der heute **dreischiffige Dom** wurde nach Plänen des Baumeisters **Giulio Todeschini** ab 1586 errichtet, was auf ein wohlhabendes Desenzano in der damaligen Zeit hindeutet. Geweiht wurde das sakrale Gebäude erst 25 Jahre nach Baubeginn von Alberto Valier, dem Bischof von Verona.

Der aus dem 18. Jh. stammende **Hauptaltar** mit farbigen Marmordekorationen ist einen längeren Blick wert. Beachtenswert sind auch die vielen wertvollen **Gemälde** des Barockmalers Andrea Celesti und das Altarbild „Das letzte Abendmahl" des 1696 in Venedig geborenen **Giambattista Tiepolo**, der als einer der bedeutsamsten venezianischen Maler des ausklingenden Barock und des Rokoko gilt.

› Via Roma 5

54 Museo Civico Archeologico „Giovanni Rambotti" ★★ [B8]

Das **archäologische Museum** in der Nähe des Jachthafens stellt nicht nur Artefakte aus der Bronze- und Römerzeit aus, sondern beleuchtet auch die **Stadtgeschichte** bis zur Neuzeit. Im Erdgeschoss erfahren Besucher Interessantes über Desenzano in der römischen und mittelalterlichen Zeit und können den ausgestellten Sarkophag von Attilia Urbica bewundern. Des Weiteren zeigt die Ausstellung einen der ältesten Holzpflüge, der bislang entdeckt wurde und der über 4000 Jahre zählt.

Gewidmet ist das Haus dem 1817 in Desenzano geborenen **Giovanni Rambotti**, der Jura studierte, als Notar tätig war und als erster Bürgermeister der Stadt wirkte.

› Via Anelli, Tel. 030 9144529, www.museiarcheologici.net, Di./Mi. 9–13, Do./Fr. 15–19, Sa./So. 14.30–19 Uhr, Eintritt: Erw. 4 €, erm. 2 €, barrierefrei

Strände

An die Altstadt grenzen mehrere Strandabschnitte, etwa die per Bus erreichbare **Spiaggia di Rivoltella** mit der Villa Brunati (Sitz der Bibliothek). Ein Stück weiter westlich erstreckt sich die **Spiaggia d'Oro** („Goldener Strand") samt Bar mit Strandbetten, Liegen und aufgeschüttetem Sand – am Abend beliebt bei der jüngeren Generation.

55 Sirmione ★★★ [C8]

Wer von Sirmione spricht, meint vor allem die auf einer Landzunge liegende bezaubernde Altstadt samt einzigartigem Castello 56 und den „Grotten" des römischen Dichters Catullus 58.

In der historischen **Altstadt** drängen sich auf engstem Raum historische Bauwerke von Anmut und Eleganz. Unzählige **Restaurants** und Bars tischen in den Gassen und am Seeufer lokale Spezialitäten auf, die Tausende Jahre alten Überbleibsel einer **römischen Villa** 57 beeindrucken nachhaltig und das Thermalbad **Aquaria** (s. S. 70) verspricht ein entspanntes, gesundheitsförderndes Spa-Erlebnis. Schon seit dem Altertum weiß man um die heilsame Wirkung des hiesigen schwefelhaltigen Wassers.

In aller Ruhe kann man diese Attraktionen jedoch kaum genießen, denn vor allem im Sommer schlendern viele Urlauber über die gepflasterten Wege und es kann durchaus voll werden. Etwas ruhiger wird es nördlich des Kastells rund um die Pfarrkirche **Parrocchia di Santa Maria Maggiore** und bei einem Spaziergang zum nördlichen Ende der Halbinsel. Dort breiten sich Olivenhaine aus, auf einem Hügel steht leicht erhöht die **Chiesa di San Pietro in Mavino** mit Fresken aus dem 14. Jh. und man blickt auf den sich ringsherum ausbreitenden Gardasee.

Lohnend ist außerdem ein Spaziergang am Seeufer am Südostrand der Landzunge. Im Bereich des winzigen **Porto Galeazzi** führt ein Weg direkt am Wasser entlang, man kann Tretboote und Kanus ausleihen, beispielsweise in der Lido Galeazzi Beach Bar ein kühles Getränk genießen oder sich auf einer der Liegewiesen niederlassen und den Gedanken freien Lauf lassen. Wenn der Herbst seine Fühler ausstreckt, ist Sirmione eine der wenigen Städte am See, die noch eine lebendige Atmosphäre ausstrahlen.

Sirmione – die genaue Herkunft des Namens ist unbekannt – war schon früh besiedelt und bereits in der **Antike** von großer Bedeutung. Dies veranschaulichen diverse Gebäude und Funde aus der Römerzeit. Nachdem im 8. Jh. die Langobarden unter König Desiderius vor Ort ein Kloster erbauten, fiel der Ort um 1250 an die **Scaliger** (s. S. 71), die als eindrucksvolles Zeugnis ihrer Herrschaft die Burg hinterließen. Gut 150 Jahre später ging Sirmione in den Besitz der **Republik Venedig** über. Heute gehört die Stadt zur Region Lombardei und zur Provinz Brescia.

› https://visitsirmione.com/en

56 Castello Scaligero di Sirmione ★★★ [S. 144]

Das auffälligste Gebäude bei der Ankunft in der Altstadt ist unzweifelhaft das Scaliger-Kastell, eine der bedeutendsten Wasserburgen Europas.

Das auf Wunsch von **Mastino I. della Scala** (um 1220–1277), dem damaligen Stadtherrn von Verona, Mitte des 13. Jh. erbaute Bauwerk mit den von **Zinnen** gekrönten Mauern, den drei massiven **Türmen** und dem großen **Hafenbecken** wurde durch eine wehrhafte Zugbrücke gesichert. Gedacht war dieser Ort als Anlegestelle für die Flotte der Scaliger (s. S. 71) und als Kaserne. Es

037mg-ts

Die wehrhafte Scaliger-Burg bildet das Tor zur pittoresken Altstadt von Sirmione

existierten jedoch auch Zellen für Gefangene. Ein blutiges Kapitel in der Geschichte der Burg stellt die Verfolgung der **Pataria** dar: Diese religiöse Bewegung lehnte unter anderem den Reichtum der Kleriker ab. Mit dem Einverständnis von Papst Gregor X. verfolgten Mastino und seine Gehilfen mit aller Brutalität die von der Kirche ungeliebten und als Ketzer gebrandmarkten Patariner. Wer die Hetzjagd zunächst überlebte, fand später den qualvollen Tod auf dem Scheiterhaufen in der Arena von Verona.

Anfang des 15. Jh. kontrollierte die Republik **Venedig** die Verteidigungsanlage und verstärkte sie durch Umbauten.

Im Inneren lässt sich eine kleine **Ausstellung** mit Infotafeln und Fundstücken besuchen und der 37 m hohe **Hauptturm** erklimmen, von dem sich ein **einmaliger Ausblick** über die Region bietet.

› Piazza Castello 34, https://musei lombardia.cultura.gov.it/musei/castello-scaligero-di-sirmione, Tel. 030 916468, Di.–Sa. 8.30–18.30, So. 8.30–12.45 Uhr, Eintritt: 7 €, Kombiticket mit Grotte di Catullo 58 und Villa Romana 52 in Desenzano 14 €

57 Villa Romana di Via Antiche Mura ★★ [S. 144]

Parallel zur Via Santa Maria Maggiore mit der gleichnamigen Kirche verläuft die Via Antiche Mura. Dort können die **Relikte einer römischen Villa** besichtigt werden. Sie zählen zu den wichtigsten archäologischen Funden in Sirmione. Auf dem gesamten Areal rund um diesen Ort wurden in den Häusern antike Schätze wie hochwertige Mosaikböden ans Licht gebracht, die teils im Museum der Grotten von Catull 58 ausgestellt sind.

Die Villa war, wie man heute noch sehen kann, mit einem **ausgeklügelten Heizungssystem** ausgestattet, um Räume beheizen zu können, die möglicherweise als Thermen dienten. Das Gebäude verfiel im 5. Jh. und im Laufe der nachfolgenden Jahrhunderte wurden an dieser Stelle Hütten und Häuser errichtet. Zwischen dem 6. Jh. und der Zeit der Langobarden gab es laut wissenschaftlichen Untersuchungen mindestens drei Siedlungsphasen.

› Via Antiche Mura, tägl. 9–11 u. 15–18 Uhr, Eintritt frei

58 Grotte di Catullo (Grotten des Catull) ★★★ [S. 144]

Die am Ende der Landzunge freigelegten Relikte einer Villa offenbaren einen Bau mit gewaltigen Ausmaßen: Sie bedecken eine rechteckige Fläche von 167 m mal 105 m. Die irreführende Bezeichnung „Grotten des Catull“ erhielt die größte römische Villa Norditaliens erst im 15. Jh., als ein fantasievoller Geschichtsschreiber die verfallenen Ruinen als „Grotten“ beschrieb und mit dem römischen Poeten Catullus in Verbindung brachte.

Gaio Valerio Catullus wurde vermutlich um 87 v. Chr. in Verona geboren und starb 54 v. Chr. in Rom. Es existieren jedoch keinerlei Beweise, dass der Dichter dieses Gebäude je als Wohnsitz nutzte. Sicher ist, dass Catull die Gegend gut kannte, schätzte und ihre Schönheit dichterisch verewigte: „Oh Sirmio, du Äugelein der Inseln und Halbinseln, welche der Neptun der Seen und der des Meeres alle auf klaren Seen und dem weiten Meer trägt.“

[›] Die Halbinsel von Sirmione mit den Grotten des Catull an der Spitze

Das über 20.000 m² große, teils **parkähnliche Gelände** mit den Resten der herrschaftlichen Residenz lässt sich auf einem **Rundgang** erkunden. **Infotafeln** geben Aufschluss darüber, um welche Gebäude oder Bauwerke es sich handelt und wie sie ausgesehen haben könnten. Im Eingangsbereich sind im **Archäologischen Museum** Fundstücke aus frühgeschichtlicher, römischer und langobardischer Zeit ausgestellt. Zu sehen gibt es unter anderem eindrucksvolle Fresken und Mosaike. Diese archäologischen Schätze förderte man zum Teil in Sirmione selbst zutage, aber auch an anderen Fundstellen am Gardasee.

Entstanden ist der riesige Komplex zwischen dem 1. Jh. v. Chr. – aus dieser Epoche stammt beispielsweise die Wohnanlage – und dem 1. bis 2. Jh. n. Chr. Noch zu erahnen sind die charakteristischen langen **Bogengänge** und die auf den See zeigenden **Terrassen.** Eine gut 40 m lange **Zisterne** lässt den Schluss zu, dass man schon zur Römerzeit für das tägliche (Luxus-)Leben reichlich Wasser benötigte. Auch für den **Thermalbereich** und das Schwimmbecken, wahrscheinlich im 2. Jh. angelegt, war das kostbare Nass unverzichtbar.

Blickt man vom Gelände auf die Uferzone des Gardasees, fallen sofort helle, bis zu 100 m in den See reichende **Kalkplatten** auf, die teils unter, teils über dem Wasser liegen und gerne von Urlaubern für einen Spaziergang oder als Liegeplatz für ein Sonnenbad genutzt werden. Es handelt sich dabei um eine von den Gletschern der Eiszeit geformte **geologische Rarität,** die sich äußerst fotogen an der Spitze der Halbinsel ausbreitet.

› Piazzale Orti Manara 4, www.grottedicatullo.beniculturali.it, Tel. 030 916157, April–Okt. Di.–Sa. 8.30–19.30, So. 14–19.30 Uhr, Nov.–März Di.–Sa. 8.30–17, Museum bis 19.30, So./Feiertage 8.30–14 Uhr, Eintritt: Erw. 8 €, erm. 4 €, Kombiticket mit Castello Scaligero di Sirmione 56 und Villa Romana 52 in Desenzano 14 €

Strände

Der winzige Kieselstrand an der Landspitze bei den Grotte di Catullo 58 samt glatter Steinplatten nennt sich **Jamaica Beach.** Die rund 100 m lange **Spiaggia Lido delle Bionde** am Ostufer der Landzunge bietet Strandliegen und Sonnenschirme. Im angrenzenden Restaurant kann man einkehren. Ein Stück weiter südlich, wenige Schritte nördlich des Castello Scaligero 56, erstreckt sich ferner die **Spiaggia del Prete.** Zwar ist diese sehr klein, aber oft leerer als der Jamaica Beach. Eine Bar ist vorhanden.

Infos und Reisetipps

56 [S. 144] **Info Point Sirmione,** Viale G. Marconi 8, Tel. 030 7285327, https://visitsirmione.com/en/info/infopoint-sirmione, April tägl. 10–17, Mai–Okt. tägl. 10–18 Uhr, restliche Öffnungszeiten s. Website

› **Anfahrt und Parken:** Die Altstadt ist nur zu Fuß über eine schmale Brücke am Castello Scaligero 56 erreichbar. Nur Bewohner, Lieferfahrzeuge und Hotelgäste dürfen dieses Areal befahren. Darüber wacht ein offizieller Posten in einem Häuschen vor der Burg, wo man bei Bedarf den benötigten Passierschein erhält. Wer mit dem Pkw anreist, findet kostenpflichtige Parkplätze an den Einfallstraßen zur Halbinsel (z. B. Piazzale Monte Baldo).

•**57** [S. 144] **Aquaria Thermal Spa,** Piazza Don A. Piatti 1, Tel. 030 916044, www.termedisirmione.com, tägl. 9–22, Fr./Sa. bis 24 Uhr, Eintritt: Therme und Sauna 2 Std. 25 €, 5 Std. 56 €, ganzer Tag 86 € (inkl. Salat u. Softdrink), an Feier- und Ferientagen teurer. Das Thermen- und Wellnesscenter, eine herrliche Anlage mit Park, erstreckt sich nördlich der Altstadt auf einem riesigen Areal: Thermalbecken mit einer Wassertemperatur zwischen 34 und 36 °C innen oder unter freiem Himmel, Süßwasser-Außenpool, Dampfbäder sowie unterschiedliche Saunen, Erlebnisduschen und breites Wellnessangebot. Musik- und Salzzimmer.

Essen und Trinken

58 [S. 144] **Osteria al Torcol** €€, Via San Salvatore 30, Tel. 030 9904605. Nette Osteria mit nur wenigen Tischen links und rechts der Gasse, von Grünpflanzen abgeschirmt. Im überschaubaren Innenraum mit Holzdecke stehen weiß gedeckte Tische, auf der Speisekarte u. a. dicke Spaghetti *(bigoli)* mit Sardinen und getrockneten Aprikosen oder Risotto mit Kabeljau und Roter Beete.

59 [S. 144] **Ristorante L'Arcimboldo** €€, Via Vittorio Emanuele 71, Tel. 030 916409, www.ristorantearcimboldo.com. Etwas versteckt gelegenes Altstadtlokal mit traumhafter Außenterrasse, einige der Tische stehen keine 2 m vom plätschernden Wasser entfernt. Bei Sonnenschein spenden Schirme Schatten, abends besonders romantisch. Bei Regen oder Kälte kann man auch drinnen sitzen. Der Service ist aufmerksam, die regionale Küche ist zu empfehlen. Knusprige Pizzen sind ebenfalls im Angebot, aber auch z. B. hausgemachte Nudeln mit Sardinen (Finten) aus dem See sowie Kirschtomaten oder gegrillte Thunfischstreifen auf Zitrussalat.

Einkaufen

60 [S. 144] **Enoteca del Lugana,** Viale G. Marconi 42, www.enotecadellugana.it. Der von Manuel Fontana und seiner Frau Maria López seit vielen Jahren betriebene Weinladen ist etwas außerhalb des Zentrums gelegen. Er offeriert neben eigenen Weinen der Familie auch zahlreiche gute Tropfen aus der Region, darunter natürlich die typischen Gardasee-Weine Lugana, Chiaretto und Rosso Riviera. Außerdem kann man u. a. Olivenöle und Spirituosen erstehen.

59 Peschiera del Garda ★★ [D9]

Schon von den Römern geschätzt, präsentiert sich Peschiera am Südwestende des Sees als charmantes, von Kanälen umflossenes Städtchen mitsamt einer schmucken Altstadt und einer mächtigen Burganlage.

Die Gardesana, die sich durch den Ort schlängelt, veranlasst nicht wenige Gardasee-Besucher, ohne einen Stopp rasch weiter ins westlich gelegene Sirmione 55 oder gen Norden nach Lazise 66 und Garda 70 zu fahren. Wer sich jedoch die Zeit nimmt und das geschäftige Örtchen am **Mincio,** dem einzigen Abfluss des Gardasees, durchstreift, der wird mit spannenden Einblicken belohnt.

Ein lohnender Überblick über den Stadtaufbau und die einzigartige Fluss- und Seelage ergibt sich im Rahmen einer geruhsamen, halbstündigen **Bootsfahrt** über die Wasserwege (Abfahrt am Canale di Mezzo), die sich vom Hafen aus rund um den teilweise verfallenen und baumbewachsenen Festungskomplex **Fortezza di Peschiera** 60 ausbreiten.

Auch ein Spaziergang durch die Gassen der **Altstadt,** die sich innerhalb der Festungslage erstreckt, ist spannend. Daneben versüßen Restaurants, historische Palazzi und ein liebevoll aufgemachtes **Fischerei-Museum** (Museo della Pesca, s. S. 73) den Aufenthalt.

An den ortsnahen flachen Uferbereichen lässt es sich gut **baden, Campingplätze** direkt am See bieten günstige Übernachtungsmöglichkeiten. Familien mit Kindern können im unweit gelegenen Vergnügungspark **Gardaland** (s. S. 72) abwechslungsreiche Stunden verbringen.

› www.tourismpeschiera.it

60 Fortezza di Peschiera ★★ [D9]

Das Fortezza di Pescheria ist ein riesiger, sternförmiger **Festungskomplex,** der sich aus Bauten unterschiedlicher Epochen zusammensetzt, die durch den mittig verlaufenden **Canale di Mezzo** und weitere Kanäle vom Rest der Stadt getrennt sind. Die einzelnen Gebäude stehen auf zwei **Inseln,** die durch Brücken miteinander verbunden sind. Auf der südlichen Insel liegt die Altstadt. Seit 2017 zählt die größte Militäranlage am Gardasee zum **UNESCO-Welterbe.**

Die Ursprünge der Festung gehen auf die Römer zurück, im 13. und 14. Jh. bauten die **Scaliger** (s. unten), vor allem unter **Mastino II. della Scala** (1308–1361), die Anlage aus. Danach übernahmen die **Venezianer** die Macht und erweiterten die Festungsanlage im 16. Jh. mit insgesamt fünf Bastionen, darunter die **Bastione Tognon** von 1552 nahe dem Hafen auf der Altstadtseite (heute ein öffentlicher Park mit Spielplatz) und die im Jahr 1551 errichtete **Bastione Cantarane** am Südostzipfel der Anlage. Für ein kurzes Intermezzo im

KURZ & KNAPP

Das Geschlecht der Scaliger

Ende des 13. Jh. übernahmen die Scaliger die Macht am Gardasee, in Verona und Oberitalien. Die italienische **Adelsfamilie** stellte zwischen 1260 und 1387 die Herren von Verona, der erste Statthalter war **Mastino I. della Scala.** Die Scaliger blieben rund 100 Jahre an der Macht und errichteten manch imposantes Bauwerk wie etwa die Burgen von Malcesine 77, Sirmione 55 und Torri del Benaco 72. Bekannt sind außerdem die Scaliger-Gräber in Verona. Nach den Scaligern übernahm Ende des 14. Jh. Venedig die Regentschaft im Nordosten Italiens.

MEIN TIPP

Gardaland und Sea Life Aquarium

Italiens wohl größter und bekanntester **Vergnügungspark** vereint mehr als 30 Attraktionen. Man hat die Qual der Wahl, denn es ist eine Herausforderung, alle Angebote an einem Tag zu schaffen, gerade in der Hauptsaison, wenn man hier und da länger anstehen muss.

Im **Gardaland Park** finden sich etwa spektakuläre Achterbahnen und die Wildwasserbahn „Jungle Rapids“. Auf dem riesigen Gelände ist für alle Altersstufen etwas dabei.

Innerhalb des Parks befindet sich außerdem der **Legoland Water Park** mit Rutschen, Wasserspielen und dem aus über 4 Mio. Legosteinen kreierten Miniland mit einigen der bekanntesten Sehenswürdigkeiten Italiens im Miniaturformat.

Im **Sea Life Aquarium** lassen sich Tausende Meerestiere in 13 verschiedenen Lebensräumen beobachten. Manche sind im Gardasee heimisch, andere tummeln sich sonst in den Tiefen der Ozeane. Im Ringbecken können ganze Fischschwärme beobachtet werden. Kinder können in einem interaktiven Bereich selbst kreativ werden und den Seelöwen nahe kommen.

› **Anfahrt:** Ein kostenloser Shuttlebus verkehrt alle 30 Min. vom Bahnhof von Peschiera 59 zum 2 km entfernten Gardaland. Ansonsten kommt man gut mit dem Auto hierher.

★63 **Gardaland und Sea Life Aquarium,** Via Derna 4, Castelnuovo del Garda, www.gardaland.it/de, in der Saison tägl. mind. 10–17/18 Uhr, Mitte Juni–Anf. Sept. teilweise bis 23 Uhr (Details s. Website), Eintritt: Gardaland ab 50 €, Gardaland und Aquarium ab 56 €, Onlinetickets deutlich günstiger

geschichtlichen Ablauf sorgte Napoleon im Jahr 1796, als er und seine Mannen hier ihr Lager aufschlugen. Für die nächsten großen baulichen Veränderungen waren die Österreicher ab 1815 verantwortlich. Nach den Unabhängigkeitskriegen (1815–1870) fiel Venetien und damit die Festung an Italien.

Sehenswert sind die beiden **Stadttore Porta Brescia** und **Porta Verona** am südlichen bzw. nördlichen Zugang zur Festung. Die Porta Brescia wurde 1551 als Teil der Stadtmauer gebaut und markiert den Eingang zur Altstadt. Vor dem Tor überbrückt die aus dem 18. Jh. stammende, gleichnamige Brücke **Ponte di Porta Brescia** den Kanal. Ebenfalls im 16. Jh. wurde die Porta Verona erbaut, durch die heute der Durchgangsverkehr geschleust wird.

Nur einen Steinwurf östlich der Porta Verona lockt das sehenswerte **Museo della Pesca (Fischerei-Museum).** Es präsentiert neben Modellen der Festungsanlage einige Fischerboote samt zugehörigen Utensilien, historische Fotografien und eine bunte Mischung von Außenbordmotoren aus den 1960er-Jahren.

Auf der Nordseite des Canale di Mezzo ist der eindrucksvolle, 1856 errichtete **Padiglione Grandi Ufficiali** ein Blickfang. Geht man von hier aus auf die östlich gelegene **Ponte dei Voltini** mit ihren charakteristischen Rundbögen, eröffnet sich ein wunderbarer Blick auf das rechter Hand stehende, lang gestreckte Gebäude, in dem sich heute Geschäfte und mehrere einladende Restaurants befinden.

Weitere Lokale und Cafés befinden sich auf der riesigen **Piazza Ferdinando di Savoia** samt der imposanten Pfarrkirche **Chiesa di San Marti-**

no mit dem Relief des hl. Martin über dem Eingangsportal.

Aktuell befindet sich auf einem Teil des Festungsareals eine **Kaserne** der italienischen Armee, vor deren Eingangsbereich bei der Porta Verona die Reste eines Fiats ausgestellt sind: 1992 starben in diesem durch 400 kg Sprengstoff bei einem Attentat durch die Mafia völlig zerstörten Wagen mehrere Polizisten. Auch ein Richter und seine Frau verloren ihr Leben.

61 Museo della Pesca, Piazza Ferdinando di Savoia 5, Tel. 3382734508, www.tourismpeschiera.it/museo-della-pesca, Sa./So. u. Feiertage 10–12.30 u. 15.30–18.30 Uhr, Eintritt frei

Infos und Reisetipps

› **Parken:** Parkplätze am Hafen beim Fähranleger, am Bahnhof oder am Campo Sportivo an der Via Campo Sportivo südlich der Altstadt

Essen und Trinken

62 La Rocca €€, Via Ottellio 11, Tel. 045 6401310, auf Facebook. Restaurant und Pizzeria am Canale di Mezzo. Es gibt köstliche Pizzen aus dem mit Holz befeuerten Ofen und leckere Fleisch- und Fischgerichte. Beim süßen Angebot wählt man etwa Zitronenkuchen oder *babà,* einen saftigen Rumkuchen aus der Region Neapel. Zum Abschluss trinkt man einen Limoncello mit Zitronen vom Gardasee.

61 Torre di San Martino della Battaglia ★★ [C9]

Einige Kilometer von Desenzano 51 und dem Gardasee entfernt liegt der kleine Ort San Martino della Battaglia, der für seine **Weingüter** und seinen großen **Denkmalkomplex** bekannt ist.

038mg-ts

Weithin sichtbar ist der 64 m hohe **Rundturm** des Mahnmals. Es erinnert an eine bei den Ortschaften Solferino und San Martino am 24. Juni 1859 im Rahmen der italienischen Unabhängigkeitskriege stattgefundene Schlacht. Dabei standen sich 150.000 Franzosen und Italiener und fast ebenso viele österreichische Soldaten gegenüber. Das gnadenlos, mit Hunderten Kanonen geführte Gefecht, das die französisch-italienische Armee gewann, forderte über 20.000 Tote und 10.000 Verletzte. Viele

Der Torre di San Martino della Battaglia ist ein sehenswertes Denkmal

Ausflug nach Verona

Seit Jahrhunderten wird Verona von Dichtern, Künstlern und Reisenden immer wieder aufs Höchste gepriesen. Im Jahr 2000 erklärte die **UNESCO** die komplette Altstadt zum **Weltkulturerbe.** Bei einem Besuch der Stadt mit heute rund 260.000 Einwohnern stehen einige Sehenswürdigkeiten auf der Agenda, die man unbedingt gesehen haben sollte. Da wären zum Beispiel der weltberühmte **Balkon,** auf dem Shakespeares literarische Julia dem Liebeswerben Romeos lauschte, und die legendäre **Arena,** in der früher Gladiatorenkämpfe stattfanden und heute grandiose Operninszenierungen veranstaltet werden. Natürlich ist auch die quirlige Fußgängerzone rund um die **Via Giuseppe Mazzini** sehenswert oder die lebhafte **Piazza delle Erbe** mit ihrem Markttreiben. Beschaulich zeigt sich das direkt am Flussufer liegende **Stadtviertel Carega** mit urigen Trattorias und dem **Dom.** Alternativ angehaucht und von der Universität geprägt präsentiert sich das **Veronetta-Viertel** mit dem **Giardino Giusti,** einem der schönsten Renaissancegärten Italiens. Eine reizvolle Aussicht auf Verona offenbart das auf einem Hügel thronende **Castel San Pietro.** Durch die Ebene unterhalb schlängelt sich die **Etsch,** an deren Ufern sich ein urbanes Meer aus roten Backsteinhäusern und wehrhaften Türmen, aus Mauern mit Schwalbenschwanzzinnen, prächtigen Palästen und gepflegten Parkanlagen ausdehnt.

Ein geeigneter **Ausgangspunkt** für eine Erkundungstour ist die zentrale, als Treffpunkt beliebte **Piazza Brà** mit der Arena und dem **Palazzo della Gran Guardia.** Man sitzt in einem der zahlreichen Straßencafés an der **Liston-Promenade,** unterhält sich und sieht die Leute flanieren.

› **Anfahrt vom Gardasee:** Verona [F-G9] liegt ca. 30 km von Peschiera del Garda 59 entfernt, die Anfahrt mit dem Auto dauert rund 30 Min. Rund um das Zentrum existieren ausgeschilderte Parkplätze und -häuser. Je näher man an der historischen Altstadt parkt, desto höher sind die Gebühren. Eine günstige Alternative ist der Parcheggio Tribunale an der Via dello Zappatore, knapp 1 km und 10 Min. Fußweg südlich der Piazza Brà und der Arena (ausgeschildert). Mit dem Bus der Linie 164 erreicht man die Piazza Brà von Peschiera aus in ca. 50 Min. (Fahrpreis 3,90 €). Direktverbindungen bestehen auch von Bardolino 67, Lazise 66 und Garda 70 am Ostufer (stündliche Abfahrten). Weitere Infos unter www.atv.verona.it.

039mg-ts

der schwer verwundeten Soldaten starben qualvoll, da es noch keine schnelle ärztliche Versorgung auf den Schlachtfeldern gab. Der Schweizer **Henri Dunant** (1828–1910) erlebte das furchtbare Elend vor Ort als Zivilist und betreute die Verletzten auf beiden Seiten mithilfe der Frauen des Ortes medizinisch. Seine Erlebnisse dienten ihm als Anstoß, sich für die Gründung einer internationalen neutralen Hilfsorganisation einzusetzen. So kam es, dass das **Rote Kreuz** ins Leben gerufen wurde. Für sein Engagement wurde Dunant 1901 mit dem Friedensnobelpreis ausgezeichnet. Jedes Jahr im Juni wird die **Schlacht** während eines mehrtägigen Spektakels **nachgestellt.**

Im unteren und hinteren Bereich des Turmes ist ein **Kriegsmuseum** mit Uniformen, Waffen und Dokumenten zu besagter Schlacht untergebracht. Der Turm ist begehbar, an den Innenwänden gibt es riesige Schlachtenszenen zu sehen, an anderer Stelle Uniformen der sardinischen Armee von 1859. Per Smartphone kann man über die im Turm angebrachten **QR-Codes** Infos in deutscher Sprache abrufen. Von der **Aussichtsplattform** hat man einen grandiosen Blick über die weite Landschaft des südlichen Gardasees bis nach Sirmione 55.

Nach der Besichtigung kann man sich im **Restaurant** des Weinguts **Selva Capuzza** stärken (s. rechts).

› ca. 2,5 km südlich von San Martino della Battaglia, Tel. 030 9910370, www.solferinoesanmartino.it, Mitte März–Mitte Okt. tägl. 9–12.30 und 14.30–19 Uhr, Mitte Okt.–Mitte Dez. 9–12 und 14–17.30 Uhr, Mitte Dez.–Mitte März Sa./So. 9–12.30 und 14–17.30 Uhr, Eintritt: Erw. 7 €, Kinder/Jugendliche 11–18 Jahre 5 €, bis 10 Jahre frei

MEIN TIPP

Auszeit im Weingut Selva Capuzza

Auf dem Gelände des Weinguts der Familie Formentini werden sechs Rebsorten angebaut, aus denen qualitativ hochwertige Weine wie der Lugana San Vigilio, der Chiaretto San Donino oder der Groppello San Biagio entstehen. **Verkostungen** sind möglich.

Das zum Gut gehörende **Landhaus** birgt ein **Restaurant,** in dem man exzellent speisen kann. Viele Gerichte orientieren sich an alten Rezepten, bei der Zubereitung werden ausschließlich lokale Produkte verwendet. Das Personal gibt Tipps für den passenden Wein. Das Essen genießt man im Garten oder unter Gewölben aus dem 14. Jh.
Es werden auch **Ferienwohnungen** vermietet.

64 Podere Selva Capuzza, Località Bella Vista, ca. 2 km südlich des Mahnmals, www.selvacapuzza.com, www.ristorantecascinacapuzza.it, Shop Mo.–Fr. 9–17 Uhr, Restaurant Mo. u. Do.–So. 12–14.30 u. 19–22.30 Uhr

62 Valeggio sul Mincio ★★ [D10]

Diesen hübschen Ort 12 km südlich von Peschiera 59, im Hinterland des Gardasees, muss man besucht haben. In der **sanften Hügellandschaft** rund um den in den Po mündenden **Mincio** breitet sich Valeggio links und rechts des langsam dahinfließenden Flusses aus. Umgeben von verträumten Dörfern lässt es sich im **Stadtkern** mit der Fußgängerzone herrlich bummeln. Am verkehrsfreien Hauptplatz mit seinem aus dem 18. Jh. stammenden Rathaus verteilen sich kleine Cafés und Restaurants. Über allem thront das trutzige **Castello Sca-**

ligero. Die im Mittelalter erbaute Burg der **Scaliger** (s. S. 71) wurde 1117 durch ein folgenreiches Erdbeben fast vollständig zerstört. Aus dem 10. Jh. ist daher nur der **Torre Tonda**, der „Runde Turm", erhalten. Der größte Teil der Anlage, der heute zu sehen ist, stammt aus dem 14. Jh. Von den drei früher existierenden Zugbrücken ist nur noch eine erhalten. Der schöne Innenhof wird im Sommer für **Open-Air-Veranstaltungen** genutzt.

Die meisten Besucher kommen nach Valeggio, um den romantischen Ortsteil **Borghetto** 63 zu erkunden und dabei auch die mehrere hundert Meter lange **Ponte Visconteo** (**Visconti-Brücke**) zu befahren. Vom Castello sind es rund 10 Min. zu Fuß bis nach Borghetto. Nicht verpassen sollte man außerdem den nördlich gelegenen **Parco Giardino Sigurtà** 64.

Wer durch die Straßen von Valeggio streift, wundert sich vielleicht, warum etliche, teils geschmackvoll aufgemachte Läden in ihren Auslagen liebevoll hergestellte **Tortellini** feilbieten. Hier kommt die Liebe ins Spiel: Der **Sage** nach verliebten sich in einer sternenklaren Nacht ganz unvermittelt der Visconti-Hauptmann Malco und die im Mincio lebende Nymphe Silvia. Als Zeichen der Zuneigung übergab Silvia ihrem Liebsten ein geknotetes goldenes Seidentuch. Doch Intrigen vonseiten der eifersüchtigen Visconti-Verwandtschaft verhinderten das Glück auf Erden und so verschwanden die beiden Liebenden für immer in den Fluten des Mincio. Einzig das geknotete Taschentuch blieb zurück. So kam es wohl, dass die Einwohner des Örtchens beim Erzählen und Lauschen der herzergreifenden Geschichte von Malco und Silvia Nudeln mit Knoten formten, heute bekannt als *„nodo d'amore"* („Liebesknoten"). Einmal im Jahr begeht man auf der Visconti-Brücke die **Festa del Nodo d'Amore.**

- › www.valeggio.com
- › **Anfahrt und Parken:** von Peschiera 59 nach Süden über die SR249 (ca. 13 km), Parken im Zentrum von Valeggio, u. a. an der Piazza San Rocco oder an der Via Raffaello Sanzio unweit von Borghetto 63.

63 Borghetto ★★★ [D10]

Am Westufer des Mincio verteilen sich im Ortsteil Borghetto auf überschaubarem Terrain einige teils aus dem Mittelalter stammende Häuser und schmale Straßen zwischen zwei Flussarmen – eine wunderschöne Kulisse für einen Spaziergang.

Die günstige Lage war ausschlaggebend, dass sich hier vor vielen Jahrhunderten ein **Mühlenviertel** etablierte. Die alten Wasserräder, die schmucke **Chiesa di San Marco** aus dem 18. Jh. mit der historischen Glocke aus dem 14. Jh. und natürlich die mittelalterliche **Ponte Visconteo** bilden eine romantische Kulisse, die für die Beliebtheit des Viertels verantwortlich ist. Die 650 m lange und knapp 25 m breite Steinbrücke wurde 1393 im Auftrag von Gian Galeazzo Visconti erbaut, 1395 endgültig mit der Burg verbunden und sollte als Staudamm dienen. Die Idee dahinter war kriegerischer Natur: Die Visconti wollten mit dem Damm einen um Mantua befindlichen und die Stadt schützenden Wassergraben austrocknen, um so leichteres Spiel bei der Eroberung zu haben. Warum dieses Vorhaben dann doch nicht in die Tat umgesetzt wurde, ist unbekannt.

[>] *Ein Spaziergang durch Borghetto eröffnet tolle Ausblicke*

Für eine Stärkung empfiehlt sich das **Caffè Visconti** am östlichen Flussufer.

65 Caffè Visconti €€, Via Raffaello Sanzio 20, Tel. 045 2456750, Facebook: ViscontiBorghetto. Grandiose Aussicht von der kleinen Terrasse auf den Mincio und die Altstadt von Borghetto. So schmeckt der Aperitif oder Cocktail noch einmal so gut. Zu essen gibt es typische *primi* und *secondi piatti* und süße *dolci.*

64 Parco Giardino Sigurtà ★★★ [D10]

Die wunderschön angelegte Parkanlage hat schon zahlreiche Preise eingeheimst – und das völlig zu Recht.

Eindrucksvolle 600.000 m² umfasst diese bereits im Jahr 1617 eröffnete Parkanlage. Man muss sich schon einige Stunden Zeit nehmen, um das gesamte Gelände zu erkunden. In jüngerer Zeit ist vor allem der **Familie Sigurtà** für das Wiedererwachen der lange Zeit vergessenen Grünanlage zu danken. 1941 kaufte der Unternehmer Giuseppe Carlo Sigurtà das hügelige Gelände und verwandelte es, unter anderem in Zusammenarbeit mit seinem Neffen Enzo, in einen üppigen Garten. In den folgenden Jahrzehnten und bis zum heutigen Tag kümmert sich die Familie liebevoll um den Park und ergänzt ihn immer wieder durch neue Pflanzenareale. So kam es, dass der Parco Sigurtà etwa 2013 zum schönsten Park Italiens ernannt und 2023 mit dem Garden Tourism Award ausgezeichnet wurde.

Eine **App** in italienischer oder englischer Sprache hilft beim Erkunden. Wer es gemütlicher mag oder die weitläufige Anlage nicht zu Fuß durchqueren möchte, setzt sich in den **Bummelzug** mit informativen Ansagen auch in deutscher Sprache oder fährt mit dem **Fahrrad.** Auch ein **Golf-Kart** (ab 20 €/Std.) für maximal vier Personen lässt sich mieten.

Mehrere **Kioske** bieten kalte und warme Snacks sowie Getränke an. Eine weitere Option ist ein **Picknick** im Park mit selbst mitgebrachten Speisen.

› Via Cavour 1, Tel. 045 63710, www.sigurta.it, April–Sept. tägl. 9–19 Uhr, März und Okt./Nov. tägl. 9–18 Uhr, Eintritt: Erw. 18 €, Kinder 5–14 Jahre 10 €, über 65 Jahre 14 €, Onlinetickets verfügbar

ts-gm990

Der Osten

65 Movieland Hollywood Park und Caneva Aquapark ★★ [D8]

Im **Movieland Hollywood Park** ist die glitzernde und actionreiche Welt des Films das große Thema. Für Vergnügen sorgen die wilde Achterbahn „Diabolik Invertigo", ein 50 m hoher Freifallturm oder das spritzige Wasserabenteuer mit dem „Kitt Superjet". Täglich werden zahlreiche **Shows** angeboten, darunter eine „Wild West Show", eine Stuntshow oder die magische Illusionisten-Show. Insgesamt gibt es rund 30 Attraktionen für Groß und Klein.

Der auf dem gleichen Gelände untergebrachte **Caneva Aquapark** garantiert nasse Kurzweil für die ganze Familie. Mutige wagen sich auf die Speedrutschen „Stukas Boom" und „Volcan Kamika". Entspannter ist die Tour auf dem „Lazy River" oder das Erlebnis mit der „Mini Black". Etwa 20 verschiedene Stationen können besucht werden. Zwischendurch stehen Spiele und Animation auf dem Programm.

Bei Hunger und Durst kann man in beiden Parks eines von mehreren **Restaurants und Cafés** aufsuchen, es gibt auch eintrittspflichtige **Themenrestaurants** fürs Abendessen.

› **Anfahrt und Parken:** kostenloser Shuttle-Service (hin und zurück) vom Bhf. in Peschiera 59, per Auto über die SR249, ca. 4 km südlich von Lazise 66, großer Parkplatz vorhanden

› Via Fossalta 58, www.canevaworld.it, Öffnungszeiten s. Website, Eintritt: Tagesticket je Park Erw. 34 €, erm. 28 €, unter 100 cm Körpergröße Eintritt frei, Kombiticket 42 €

66 Lazise ★★ [D8]

Der von stattlichen mittelalterlichen Mauern begrenzte, charmante Altstadtkern von Lazise strahlt ein angenehmes mediterranes Flair aus.

Am schmalen **Hafenbecken** mit der im 12. Jh. errichteten Kirche **Chiesa di San Nicolò** geht es lebendig zu, vor allem im Sommer, wenn der Tourismus deutlich an Fahrt aufnimmt. Neben der Kirche steht ein von der Familie Della Scala im 13. Jh. errichtetes, restauriertes und heute für private Events mietbares Zollgebäude namens **Dogana Veneta.**

Bei einem Bummel durch den reizvollen Ort mit seinen rund 6800 Einwohnern wechseln sich romantische Plätze mit Bänken und Schatten spendenden Bäumen mit engen, von Läden und Lokalen gesäumten Gassen ab. Reivzoll gestaltet sich ein Spaziergang entlang der **Uferpromenade Lungolago Marconi** mit ihrer charakteristischen wellenförmigen Pflasterung. Genussvolle Stunden verspricht so manche familiengeführte Taverne, etwa an der **Piazza Vittorio Emanuele** mit ihrer an ein Schachbrett erinnernden Bodengestaltung. Im Gegensatz zu ihren Pendants in Torri del Benaco 72 oder Malcesine 77 kann die **Scaliger-Burg** in Lazise nicht besichtigt werden, da sie sich in **Privatbesitz** befindet.

Lazise gehört zu den **ältesten Gemeinden Italiens,** da Kaiser Otto II. dem Ort schon im Mai 983 weitreichende Rechte zusprach, die eine eigenverantwortliche Verwaltung möglich machten. Jedes Jahr feiert man diese Begebenheit mit einem stimmungsvollen **Mittelalterfest** (Rievocazione storica Ottone II, s. S. 108). Bewohnt war die Gegend um Lazise jedoch schon deutlich früher, wie

040mg-ts

prähistorische Funde einer Pfahlbausiedlung im See vor Pacengo belegen.

Der **Ortsname** leitet sich vermutlich vom lateinischen Wort *lacus* („See“) ab. Die weitere Geschichte ähnelt der von vielen anderen Orten am Gardasee: Zunächst übernahmen 1277 die **Scaliger** (s. S. 71) die Macht, mussten diese jedoch rund 100 Jahre später an die Familie Visconti aus Mailand abgeben. Zu jener Zeit entstanden die mächtigen, noch heute stehenden **Stadtmauern.** Von 1405 bis 1797 gehörte Lazise zur **Republik Venedig.** Später gehörte der Ort zum lombardisch-venezianischen Reich unter dem Regiment Österreichs, ab 1866 zum Italienischen Königreich und nach dem Zweiten Weltkrieg zur Italienischen Republik, dem heutigen Italien.

› www.tourismlazise.it/de

Strände

Die beiden mehrere Hundert Meter langen Strände **Spiaggia D'Oro** („Goldstrand“) und **Spiaggia La Quercia** südlich der Altstadt gehen ineinander über und sind dank des **sandigen Untergrunds** außergewöhnlich für den Gardasee – auch dank des flach abfallenden Ufers sind sie ideal für Familien mit **Kindern.** Hier gibt es auch mehrere große **Campingplätze** in Ufernähe.

Infos und Reisetipps

› **Parken:** u. a. an der Via Bastia, der Via San Martino und an der nördlich der Stadtmauer befindlichen Piazzale Marra (jeweils nur wenige Gehminuten in die Altstadt)

Essen und Trinken

66 **Cozzeria** €€, Via Cansignorio 16, Tel. 045 6470644, www.cozzeria.com. Muschelliebhaber aufgepasst: In diesem Altstadtlokal am nördlichen Stadttor serviert man hervorragende Muscheln, wie der Name *cozze* (Muscheln) erahnen lässt. Spezialität des Hauses sind Miesmuscheln im Topf in über einem Dutzend Varianten, z. B. mit Pastis und Gemüse, mit Weißweinsoße und Knoblauch, mit

Am Hafen von Lazise pulsiert das Leben und Cafés laden zur Einkehr ein

MEIN TIPP

Ausflug in den Parco Natura Viva

Die mehrere Hektar große Anlage im Hinterland, ca. 7 km südöstlich von Lazise 66, besteht aus einem Safari- und einem Tierpark. Der **Safaripark** kann ausschließlich mit dem Auto erkundet werden. Dabei begegnet man freilaufenden Giraffen, Zebras, Antilopen, Löwen, Geparden und noch einigen anderen Geschöpfen des afrikanischen Kontinents. Im angeschlossenen **Tierpark** mit seinem Vogel- und Gewächshaus leben weitere exotische und weniger exotische Tiere. Insgesamt sind mehr als 250 Tierarten zu sehen. Der Zoo engagiert sich auf internationaler Ebene bei Projekten für die Erhaltung seltener Spezies und bietet Schulen und Institutionen ein Programm zur Umwelterziehung an.

★69 **Parco Natura Viva**, Str. Provinciale 27a, Tel. 045 7170113, www.parconaturaviva.it, März–Anf. Nov. tägl. geöffnet, Details s. Website, Eintritt: Tier- und Safari-Park Erw. ab 24 €, Kinder 3–12 Jahre 17 €, Familienticket ab 35 €

Gorgonzola, mit Curry und Apfel oder mit Kokosmilch und Ingwer. Auf der Speisekarte stehen ferner Fleisch-, Fisch- und Nudelgerichte, außerdem Pizzen.

67 **Gelateria Bar Al Porto** €, Lungolago G. Marconi 2, Tel. 045 5549319. Direkt am See schmecken das Eis und der Aperol Spritz noch einmal so gut. Ideal für eine Pause.

Einkaufen

68 **Carne e Bottega Raccagni,** Via Porta S. Zeno 4, www.italiandeli.shop. In der Frischetheke warten italienische Leckereien wie *Pasta salsiccia* oder *Involtini alla Milanese* (Kalbsröllchen) auf hungrige Käufer. In den gut gefüllten Regalen wählt man zwischen Pasta, Olivenölen, Salami mit Trüffel, Weinen und vielen anderen Spezialitäten. Wer vor Ort eine Kleinigkeit probieren möchte, nimmt an einem der wenigen Tische vor der Tür Platz und bestellt z. B. *Tagliere della casa* (gemischte kalte Vorspeisen).

Lazise für Kulinariker: köstliche Spezialitäten in reizendem Ambiente

042mg-ts

67 Bardolino ★★★ [D7]

Wer an Bardolino denkt, hat vielleicht einen lauen Sommerabend mit dem Besuch einer urigen Osteria im Kopf, dazu eine regionale Spezialität auf dem Teller und eine Flasche guten Bardolino auf dem Tisch.

Der **berühmte Rebensaft** gehört zu dem reizenden Ort wie die von schmucken Häuserfassaden geprägte **Altstadt**, der **Hafen** samt farbenfrohen Fischerbooten und nicht zuletzt die lebensfrohe Atmosphäre. Das kleinstädtische Fleckchen ist bei Besuchern äußerst beliebt und im Hochsommer oder an **Markttagen** (jeden Do. direkt am Hafen an der Promenade) auch gerne mal sehr voll. Und doch überwiegt das wohltuende Gefühl, in einer authentischen *città* unterwegs zu sein, in der Urlauber zwar eine Rolle, aber nicht die uneingeschränkte Hauptrolle spielen. Die **Weintradition** Bardolinos wird im Sommer mit dem Weinfest **Palio del Chiaretto** (s. S. 108) und im Frühherbst mit der **Festa dell'Uva e del Vino** (s. S. 110) festlich begangen. Freunde des Rebensaftes können darüber hinaus dem **Weinmuseum** (s. S. 82) einen Besuch abstatten.

Die breite und lange **Seepromenade** lädt tagsüber wie auch nach Sonnenuntergang zum Flanieren ein, Straßenmusiker spielen in den umliegenden Gassen und an der **Piazza Giacomo Metteotti**, Bardolinos **Hauptplatz**, bekannte Melodien und auf den Restaurantterrassen am Wasser plaudert und lacht man in den Abend hinein. Die Stimmung in dem Städtchen kann als leger beschrieben werden. Für einen angenehmen Aufenthalt sorgen ferner die guten **Bademöglichkeiten.**

Der **Ortsteil Cisano** südlich des eigentlichen Zentrums mit dem von Lokalen gesäumten, hübschen Hafen lockt mit einem sehenswerten **Ölmuseum** 69 und der Kirche **Chiesa di Santa Maria** aus dem 12. Jh. mit romanischen Stilelementen und neoklassizistischer Innengestaltung.

› https://visitbardolino.it/de

68 Chiesa di San Severo ★★ [D7]

Das aus dem 9. Jh. stammende Bauwerk mit seinem hohen **Kirchturm** ist im **romanischen Stil** erbaut

Der Wochenmarkt in Bardolino zieht unzählige Besucher an

MEIN TIPP

Stippvisite im Weinmuseum

Auf dem Gelände des traditionsreichen, seit 1870 bestehenden **Weingutes Zeni** widmet sich dieses **Museum** ganz dem Thema Rebensaft. Zu sehen sind historische Gerätschaften und man erfährt Wissenswertes über die Geschichte und Entwicklung des Weinbaus. In der **Geruchsgalerie** können Besucher ihren Geruchssinn testen. Im **Geschäft** gibt es eine breite Palette lokal hergestellter Weine zu kaufen, viele davon dürfen kostenlos **verkostet** werden.

70 **Museo del Vino,** Via Costabella 9, Tel. 045 7210022, www.museodelvino.it/de, Mitte März–Anf. Nov. Mo.–Sa. 9–12.30 u. 14.30–19, So. 9–13 Uhr, Nov.–Mitte März Mo.–Sa. 8.30–12.30 u. 14.30–18.30 Uhr, Eintritt frei

und wurde im 15. Jh. zur Pfarrkirche erhoben. Im 18. Jh. nutzte man das Gebäude für weltliche Belange und es kam zu massiven baulichen Veränderungen. Teile des Gotteshauses, insbesondere die Apsis, wurden Mitte des 20. Jh. rekonstruiert. Trotz all dieser Umstrukturierungen gilt die Kirche als eines der interessantesten mittelalterlichen Bauwerke am Gardasee, nicht zuletzt dank der außergewöhnlichen **Fresken** aus dem 12. Jh. Ebenso interessant ist die **Krypta,** die während des Wiederaufbaus im 11. Jh. fertiggestellt wurde und deren Gewölbe von Säulen aus der ursprünglichen frühmittelalterlichen Kirche getragen wird.

› Via San Severo, direkt an der Gardesana

69 Museo dell'Olio ★★ [D7]

Fährt man von Bardolino nach Süden, trifft man direkt an der Gardesana auf dieses Museum. Die Ausstellung informiert über die verschiedenen Schritte in der **Olivenölproduktion,** von der traditionellen handwerklichen Erzeugung bis zur heutigen, meist industriellen Verarbeitung der Olive zum fertigen Öl. Ausgestellt sind antike Pressen, Mühlsteine und interessante Utensilien. Weiterführende Infos liefern **Videoguides,** die auch auf Deutsch verfügbar sind.

Angeschlossen an das Museum ist ein **Geschäft,** in dem man kaltgepresste Olivenöle probieren und kaufen kann. Im Angebot sind außerdem lokale Produkte wie Essig, Pesto und Wein.

› Via Peschiera 54, Parkplatz vor dem Museum, Ortsteil Cisano, Tel. 045 6229047, www.museum.it/de/besuch-des-museums, tägl. 9.30–12.30, Mo.–Sa. auch 15–18.30 Uhr, Eintritt frei

Strände

Strände erstrecken sich südlich und nördlich des Stadtkerns, darunter das einladende, aber kostenpflichtige Strandbad **Lido Mirabello Beach** im Süden mit Außengastronomie, privatem Strandbereich und gepflegter Wiese samt Liegen und Sonnenschirmen. Ebenfalls empfehlenswert ist der schmale, lang gestreckte **Spiaggia di Bardolino** im Norden beim Camping Continental.

› **Lido Mirabello Beach,** Lungolago Cipriani 3, tägl. 9–19 Uhr, Tageskarte 9 €

Infos und Reisetipps

71 **Info Point Bardolino,** Piazzale Aldo Moro 5, Tel. 045 7210078, https://bardolinotop.it/de/iat, Ostern–Okt. Mo.–Sa. 9–19, So. 9–13 Uhr

› **Parken:** Sehr zentral parkt man auf den Parcheggio Custodito und dem angrenzenden Parcheggio Prandini. Beide liegen direkt an der Gardesana (Querstraße Via Giacomo Leopardi).

Essen und Trinken

72 La Piccola Osteria €, Via Palestro 38/a, Tel. 045 6210421, Facebook: LaPiccolaOsteriaBardolino. Gemütliches, kleines Lokal mit einigen Tischen vor der Tür, in einer schmalen Gasse gelegen. Man fühlt sich willkommen und die Pasta sowie die Fleisch- und Fischspeisen schmecken ausgesprochen gut.

73 Osteria Due Nani €, Corso Umberto 1, Tel. 045 6211323, www.osteriaduenani.it. Ansprechender, rustikaler Innenbereich mit hoher Decke und urigen Steinwänden, dazu gibt es Holztische und Schwarz-Weiß-Fotos an den Wänden. Man kann hier mitten in der Altstadt auch draußen speisen. Die Küche tischt ausgezeichnete Gerichte auf: gegrillten Tintenfisch mit Zucchini und Tomaten, Spaghetti mit Meeresfrüchten oder hausgemachte Pasta.

Einkaufen

74 Guerrieri Rizzardi, Strada Campazzi 2, www.guerrieririzzardi.it. Abseits der Altstadt, im grünen Hinterland, lädt die seit Generationen bestehende Kellerei zur Weinverkostung und zum Einkauf ein. Ins Glas kommen Klassiker aus der Veroneser Region: Bardolino, Valpolicella und Soave. Probiert werden können auch kaltgepresste Olivenöle. Führung in deutscher Sprache nach Vereinbarung.

70 Garda ★★ [D7]

Neben Malcesine 77 ist Garda ohne Zweifel die zweite touristische Hochburg am Ostufer des Gardasees.

In der Hauptsaison bringen Ausflugsbusse und Schiffe zahllose Gäste in die Stadt, die sich bevorzugt im Ortskern und an der großzügig angelegten **Seepromenade** namens **Lungolago Regina Adelaide** aufhalten. Diese bildet zusammen mit dem kleinen **Hafen** rund um die **Piazza Catullo** das Herz der Stadt. Hier steht auch ein auffälliges hellgelbes Gebäude mit Arkaden: Der im gotisch-venezianischen Stil erbaute **Palazzo dei Capitani** war einst die Versammlungsstätte der Fischerszunft und Residenz der Gardasee-Autoritäten der Republik Venedig.

Mitte August, zum Feiertag *ferragosto,* findet in Garda unter dem Titel **Palio delle Contrade** (s. S. 109) ein großes Ruderrennen samt Straßenumzug statt, gekrönt von einem Feuerwerk.

Ein fantastisches Panorama bietet Gardas Hausberg La Rocca (s. S. 84)

043mg-ts

Garda hat rund 4200 Einwohner und changiert zwischen spannender Historie und einer touristisch geprägten Gegenwart, die an manchen Tagen gerade für Liebhaber individueller Entdeckungstouren eine Herausforderung darstellen kann. Kommt man in der **Nebensaison,** sind zwar möglicherweise einige der Restaurants und deren Terrassenplätze am Seeufer verwaist, dafür treten prachtvolle Palazzi, Villen und Parkanlagen in den Vordergrund und man kann die Traumlage am Wasser bewusster genießen.

Strände finden sich südlich der Altstadt und nördlich auf dem Weg zur Landspitze Punta San Vigilio 71.

Keinesfalls unbeachtet bleiben sollten die landschaftlichen Vorzüge der Umgebung mit ihrer üppigen mediterranen Vegetation. Hervorzuheben ist das rund 290 m hohe **Felsplateau Rocca di Garda,** kurz **La Rocca,** nahe der Gardesana mit nahezu senkrechten Felswänden und einer kaum noch erkennbaren Burg. Hier kann man gemütlich wandern und immer wieder einen herrlichen Ausblick auf Garda und Bardolino 67 genießen. Einst wurde hier oben in den mittelalterlichen Gemäuern eine gewisse Adelheid eingesperrt, der jedoch eine spektakuläre Flucht gelang. Wenig später, im Jahr 951, wurde sie die Gemahlin des römisch-deutschen Kaisers Otto I. Zum **Aussichtspunkt** führt ein ab dem Ortszentrum ausgeschilderter, ca. 2 km langer **Wanderweg,** der auch mal steil daherkommt. Man sollte rund 45 Min. für die einfache Strecke einplanen.

Der Ort Garda war, wie sich unschwer vermuten lässt, der **Namensgeber** des Sees, der zuvor die lateinische Bezeichnung *Benacus* bzw. *Benaco* trug. Die Geschichte dahinter ist unspektakulär und führt wieder zum Hausberg La Rocca. Höchstwahrscheinlich schätzte man diesen hoch gelegenen Aussichtspunkt bereits seit der ersten menschlichen Besiedlung, um Feinde und Angreifer rasch und schon von Weitem entdecken zu können. Und so nahm man im 8. Jh. den von dem lombardischen Wort *warda* (Wache) abgeleiteten Namen Garda und gab ihn dem faszinierenden Gewässer.

Infos und Reisetipps

› **Parken:** Unweit des Zentrums und des Seeufers direkt an der Gardesana liegen der Parcheggio dei Tigli (Via C. Colombo) und der Parcheggio Via Caboto.

Essen und Trinken

75 Ristorante La Bussola €, Via Spagna 29, Tel. 045 7256475, Facebook: labussolagarda. In einer schmalen Gasse in der Altstadt serviert das stilvoll und rustikal eingerichtete Lokal abwechslungsreiche Fischgerichte und fein zubereitete Meeresfrüchte. Die Bedienung arbeitet professionell und freundlich. Mit etwas Glück ergattert man bei schönem Wetter einen der Tische vor dem Restaurant.

76 Ristorante Regio Patio €€€, Via San Francesco d'Assisi 23, Tel. 045 7255977, www.regina-adelaide.it. Feine, von Chefkoch Andrea Costantini auf den Teller gebrachte Delikatessen mit saisonalen Zutaten der Region, z. B. überbackener Felchen mit Brot, Zitrone, Petersilie und kandiertem Sellerie. Vegetarisches 5-Gänge-Menü. Das Ambiente ist stilvoll und elegant. Unbedingt probieren sollte man auch die süßen Köstlichkeiten, die Giovanna Tommasi in der Konditorei kreiert. Viele selbst gemachte Produkte kommen auf den Tisch wie Brot, Marmeladen oder die Pasta. Gehört zum Hotel Regina Adelaide.

Unterhaltung, Nachtleben

77 Taitù Pianobar €, Vicolo cieco Forni 8, Tel. 045 7255134, www.taitupianobar.it. Kleine und intime, seit 1976 existierende Location mit Livemusik, Cocktails und Drinks.

71 Punta San Vigilio ★★ [C7]

Westlich von Garda 70 versteckt sich dieses Kleinod zwischen Gardesana und Seeufer. Die überschaubare Landzunge vereint Natur- und Architektur-Highlights.

Man betritt das **parkähnliche Areal** der Halbinsel über eine eindrucksvolle **Zypressenallee.** Einige Meter weiter geht rechts zunächst der Weg zur kostenpflichtigen Badestelle **Riviera San Vigilio** in der **Baia della Sirene** („Bucht der Sirenen") ab. An dem gepflegten, 150 m langen Kiesstrand mit Liegen, Sonnenschirmen und Himmelbetten kann man wunderbar entspannen. Es gibt Duschen, Umkleideräume und WCs sowie ein angeschlossenes Restaurant.

Folgt man der Zypressenallee weiter westwärts, passiert man eine durch ein Unwetter 1995 entwurzelte, 30 m lange, 300 Jahre alte und rund 10 t schwere **Zypresse.** Am Ende des Weges, leicht rechts hinter einem Tor, präsentiert sich die vom Veroneser Baumeister Michele Sanmicheli im 16. Jh. erbaute **Villa Brenzone,** damals Wohnsitz des Humanisten Agostino Guarienti di Brenzone. Noch heute ist das Gebäude im Privatbesitz der Adelsfamilie und kann **nicht besichtigt** werden.

Über den kurzen Weg in Richtung See erreicht man zudem ein Gebäudeensemble, in dem unter anderem das feudale Luxushotel **Locanda San Vigilio** (www.locanda-sanvigilio.it) seine Gäste empfängt. Dazu gehören weiterhin ein Hafenbecken aus dem 14. Jh. und ein in einem Haus aus dem 15./16. Jh. untergebrachtes **Restaurant** mit Seeblick, wo es sich vorzüglich speisen lässt. Auf dem riesigen Areal befinden sich noch eine rund 1000 Jahre alte **Kapelle,** mit viel Liebe angelegte **Gärten,** ein **Zitronengewächshaus** und einige **Olivenbäume,** darunter ein laut Hinweisschild aus dem 14. Jh. stammendes Exemplar.

› **Parken:** öffentliche Parkplätze direkt am Abzweig der Gardesana (Privatgrundstück nur für Hotelgäste befahrbar)

› **Riviera San Vigilio,** www.rivierasanvigilio.com, Mitte Mai–Ende Okt. tägl. 9/10–18/20 Uhr, je nach Saison Erw. 10–30 €

72 Torri del Benaco ★★ [D6]

Beinahe unauffällig schmiegt sich das Städtchen an der **Riviera degli Ulivi** („Olivenriviera") an das Seeufer. Hat man einen der begehrten Parkplätze ergattert, geht es zu Fuß ins Zentrum mit dem den Ort dominierenden **Castello Scaligero.** Die Festung aus dem 14. Jh. birgt ein sehenswertes **Museum** und eine **Limonaia,** ein **Zitronengewächshaus.** Beim Blick vom Burgturm geht wohl jedem das Herz auf angesichts des Charmes, der von der mittelalterlichen, mit einer Prise mediterranen Flairs gewürzten Szenerie ausgeht. Am benachbarten malerischen **Hafenbecken** erwarten mehrere **Cafés und Restaurants** hungrige und durstige Gäste. Ein paar bunt gestrichene Boote dümpeln an der steinernen Kaimauer. Von hier führen gepflasterte, schmale Gassen weiter in die historische **Altstadt,** die mit feudalen Palazzi und farbigen Häuserfassaden in Pastelltönen glänzt, während in der näheren Umgebung nur selten überfüllte **Kiesstrände** auf Badewillige warten.

MEIN TIPP

Ausflug nach San Zeno di Montagna

Je nach Anfahrtsweg schraubt sich die Straße mal mehr oder weniger eng, schmal und kurvig den Berg hinauf, bis man weit oberhalb des Gardasees die lang gestreckte **Gemeinde San Zeno di Montagna** [D6] erreicht – die Sommerfrische des Ostufers. Der **Ausblick** von der **Prada-Ebene** an der Südseite des Monte Baldo 76 ist fantastisch und ein paar empfehlenswerte **Restaurants** reihen sich vorzugsweise am Hang entlang. Hier geht es gemächlich zu, nur wenige Touristen verirren sich hierher.

Im **Herbst,** trotz der abends früh einbrechenden Dunkelheit und manch kühler Nacht, lassen sich Besucher von der **Festa delle Castagne** und der **Festa del Marrone** (s. S. 111) verzaubern. Denn dann steht der Ort zur Erntezeit ganz im Zeichen der **Esskastanie** *(marrone),* die hier oben prächtig gedeiht. Es wird gefeiert und getanzt und in den Töpfen der Lokale köcheln den Gaumen schmeichelnde, deftige Gerichte aus den Nussfrüchten.
Die landschaftlichen Reize hier oben auf rund 580 m Höhe lassen sich bei **Touren zu Fuß oder mit dem Mountainbike** erleben. Sogar **Wintersport** ist möglich, wie der vor Ort ansässige Sci Club Costabella unterstreicht.

Schon in der Römerzeit gab es am See eine Siedlung mit dem **Namen** *Castrum Turrium,* genauer gesagt handelte es sich um ein Militärlager. In Kombination mit der Bezeichnung *Benaco* bzw. *Benacus* – so nannten die Römer den See zu ihren Füßen – entstand der heute gebräuchliche Name Torri del Benaco.

Schon länger ist Torri ein beliebtes Ausflugsziel für Kulturinteressierte und Wassersportler. **Strände** finden sich direkt an der Scaliger-Burg und etwas weiter südlich. Im 20. Jh. statteten berühmte Persönlichkeiten wie der Maler Max Ernst oder der Schauspieler Laurence Olivier dem Ort einen Besuch ab. Übernachtet wurde im noch heute an der **Piazza Calderini** stehenden Hotel Albergo Gardesana, das im früheren **Kapitänspalast** untergebracht ist.

Ein Ausflug in den oberhalb der Durchgangsstraße gelegenen **Ortsteil Albisano** lohnt sich schon wegen des ungehinderten Ausblicks auf den See, der sich von der dortigen Pfarrkirche, der **Chiesa Parrocchiale di San Martino,** eröffnet.

› **Parken:** großer Parkplatz östlich der Gardesana auf Höhe des Kastells

78 **Castello Scaligero di Torri del Benaco,** Viale Fratelli Lavanda 2, www.museodelcastelloditorridelbenaco.it, Tel. 045 6296111, Ende März–Mitte Juni tägl. 9.30–12.30 u. 14.30–18 Uhr, Mitte Juni–Mitte Sept. tägl. 9.30–13, Di.–So. auch 16.30–19.30 Uhr, sonstige Zeiten s. Website, Eintritt: Erw. 5 €, erm. 3 €

73 Castelletto ★★ [D5]

Castelletto ist der größte **Ortsteil von Brenzone** 74 und splittet sich in einen Bereich am Ufer und das hügelige **Altstadtareal** jenseits der Gardesana. Folgt man der **Ausschilderung** ins Zentrum, gelangt man bergauf gehend in enge Sträßchen mit rundbögigen Durchgängen und Häusern aus dem 14. und 15. Jh. Im Gassengewirr verstecken sich kleine Restaurants, Geschäfte und Herbergen. Rund um den Hafen sind weitere Lokale und Läden angesiedelt.

Kommt man von Norden nach Castelletto, trifft man am Ortseingang auf der linken Seite auf die auffällige und

044mg-ts

sehenswerte **Chiesa San Carlo Borromeo** mit dem angeschlossenen Frauenkloster Piccole Suore della Sacra Familia. Die Mitbegründerin des Ordens war **Maria Domenica Mantovani,** die am 12. November 1862 in Castelletto das Licht der Welt erblickte und am 23. April 2003 von Papst Johannes Paul II. seliggesprochen wurde.

ii79 Chiesa San Carlo Borromeo, Via B. G. Nascimbeni 8

74 Brenzone sul Garda ★ [D4]

Nimmt man sich vor, Brenzone zu besuchen, muss man einige Stopps einlegen. Die **Gemeinde** mit ihren **16 kleinen Dörfern** breitet sich am Fuße des Monte Baldo 76 aus. Die bekanntesten Orte liegen direkt am See und an der dort verlaufenden verkehrsreichen Gardesana. Dies ist vielleicht der Grund, warum diese Ortschaften von Urlaubern eher seltener besucht werden, obwohl es dort einiges zu entdecken gibt – vor allem wenn man die charmanten Gassen, die pittoresken Fischerhäfen und die kilometerlange, schön angelegte **Uferpromenade** zu Fuß erkundet.

Oberhalb des Sees gibt es **Wanderwege, Mountainbike-Routen** und reizvolle **Aussichtspunkte** rund um weitere Ortsteile wie Campo, Fasor, Zignago und Prada.

Von **Prada,** eine der höchstgelegenen Siedlungen der Gemeinde Brenzone, befördert ein **Zweier-Sessellift** und eine **Stehgondel** nach einer mehrjährigen Pause seit 2022 wieder Gäste in die Berge bis zur Almhütte **Baito Turri** auf eine Höhe von 1850 m. Insbesondere der rund 2 km lange Teilabschnitt mit **Stehkörben** ist ein kleines Abenteuer und nur Menschen ohne Höhenangst zu empfehlen.

› **Seilbahn Prada – Costabella,** https://funiviedelbaldo.it/de, Hin- und Rückfahrt 20 €
› **Parken:** wenige Stellplätze an der Gardasena, aber keine größeren Parkflächen

Die Chiesa San Carlo Borromeo in Castelletto ist einen Besuch wert

75 Cassone di Malcesine ★★ [E4]

Das sehenswerte Cassone liegt ca. 3 km südlich von Malcesine 77. Bekannt ist der beschauliche Ort durch den **Fluss Aril,** der – wenn auch zu Unrecht – als kürzester Fluss der Welt beworben wird. Ein Schild weist ihn mit einer Länge von 175 m aus. Die Quelle des Gewässers befindet sich jenseits der Durchgangsstraße beim Hotel Cassone.

Am Seeufer, etwas versteckt und von der Gardesana aus nicht zu sehen, erstreckt sich der attraktive **Ortskern.** Um den pittoresken, winzigen Hafen mit seinen Fischerbooten gruppieren sich ein historischer **Rundturm,** ein paar bunte Häuser und das lohnenswerte **Museo del Lago (Seemuseum).** Die Sammlung umfasst historische Fotos, ein altes Fischerboot und Ausstellungsstücke zum Thema Fischfang. Außerdem liegen meist ein oder zwei gründlich geputzte, in der Sonne glänzende Ruderboote am Hafenbecken. Die Sportgeräte starten in den traditionsreichen **Ruderregatten** der **Lega Bisse del Garda** (https://legabissedelgarda.com) für Cassone. Deren historische Wurzeln reichen bis in die Zeit der Republik Venedig zurück: Der erste Wettkampf mit den schmalen Booten soll Mitte des 16. Jh. stattgefunden haben.

Unübersehbar ist die nah am Wasser stehende **Bronzeskulptur** einer Frau, ein Werk der 2012 verstorbenen spanischen Künstlerin **Luisa Granero** von 1987.

› **Anfahrt und Parken:** Von Malcesine 77 kommend, befinden sich direkt an der Gardesana am Ortseingang einige Parkplätze. Zwischen Malcesine und Cassone (ca. 4 km) pendelt Ende März–Ende Okt. ein Touristenbus (stündl. Abfahrten, 1,50 €).

M 80 **Museo del Lago di Cassone,** Via Porto 5, Tel. 3395409343, Di.–So. 10–12 u. 15–18 Uhr, Eintritt frei

76 Monte Baldo ★★ [E4]

Der über 2000 m hohe Bergrücken – höchster Gipfel ist der **Cima Valdritta** mit 2018 m – ist ein Blickfang am Ostufer des Sees und in weiten Teilen der Region sichtbar. Im Winter ist er oft von einer Schneedecke bedeckt.

046mg-ts

Um eine **einzigartige Panoramasicht** von den Höhen des Berges genießen zu können, nimmt man von Malcesine 77 aus die seit 1955 verkehrende **Seilbahn** *(funivia)*. Die futuristisch gestaltete **Talstation** oberhalb der Altstadt ist nicht zu übersehen. Es handelt sich um eine Panoramabahn mit großen Glasfenstern, die sich auf dem zweiten Teil der Fahrt, nach der Mittelstation San Michele, einmal um 360 Grad dreht. Die Bergstation verfügt auch über eine **Bar.** Oben auf dem Höhenzug gibt es unzählige Ausflugs- und Betätigungsmöglichkeiten: **Wandern, Klettern, Mountainbiken, Paragliden** und im Winter **Skifahren** oder Snowboarden.

- **81 Talstation Funivia Malcesine – Monte Baldo,** Via Navene Vecchia 12, Malcesine, Parkmöglichkeit in der Tiefgarage, https://funiviedelbaldo.it/de, Tel. 045 7400206, Ende März–Anf. Nov. tägl. 8.15–18 Uhr mind. alle 30 Min., letzte Rückfahrt 18.45 Uhr, Tickets Berg- und Talfahrt Erw. 27 €, erm. 17 €, Kinder unter 120 cm kostenlos, Tickets online oder per App buchbar, dann günstigerer Preis

77 Malcesine ★★★ [E3]

Kaum ein Ort gibt ein derart malerisches Bild ab wie Malcesine am Fuße des imposanten Monte Baldo 76: Die exponierte Lage auf einem Felsen mit der beeindruckenden Scaliger-Burg 78, die urigen Gassen der schmucken Altstadt und die reizende Umgebung mit Oleanderbäumen und Olivenhainen locken fast ganzjährig Besucher an.

Besonders in den Sommermonaten finden viele Urlauber den Weg nach Malcesine. An der kilometerlangen **Uferpromenade** kann man ausgiebig spazieren gehen, in einem der zahllosen Cafés ein paar Stunden vertrödeln oder am pittoresken Jachthafen, dem **Porticciolo di Malcesine**, auf den See blicken. Und wer noch höher hinaus möchte, erklimmt den Monte Baldo mit der **Seilbahn** (s. links) und kann hier unter anderem wandern oder klettern.

Woher der **Name** Malcesine stammt, konnte bis heute nicht eindeutig geklärt werden. Manche gehen davon aus, dass der Ort seine Bezeichnung einer Seejungfrau verdankt. Dieser als „Melusine" bekannte weibliche Wassergeist soll in Seen und Teichen hausen. Andere sprechen davon, dass der Begriff auf „Malesicinus" („stark befestigter Ort") zurückzuführen sei, da außer Zweifel steht, dass Malcesine im Altertum eine äußerst gut geschützte und wehrhafte Siedlung war.

Übrigens besuchte nicht nur **Goethe** (s. S. 30) den Ort und hielt seine Eindrücke für die Nachwelt fest. Der österreichische Maler **Gustav Klimt** (1862–1918) war ebenfalls vom Farbenspiel der Natur und den stattlichen Gebäuden fasziniert. Neben seinem Gemälde „Malcesine sul Garda", das den See, einige Häuser und Teile der Scaliger-Burg zeigt, malte der Künstler auch ein Bild mit dem Titel „Kirche in Cassone". Es entstand 1913, und zwar während eines Aufenthaltes auf der **Halbinsel Val di Sogno** [E4], als sich Klimt mit einem Teleskop „bewaffnet" bei der ehemaligen Villa Gruber, dem heutigen Hotel Bellevue San Lorenzo, befand und so zum Nachbarort Cassone 75 blicken konnte.

› www.visitmalcesine.com

Luftiges Vergnügen: die Fahrt mit der Gondel hinauf zum Monte Baldo

045mg-ts

78 Castello Scaligero di Malcesine ★★★ [E3]

Die Scaliger-Burg thront majestätisch auf einem Felssporn über dem See und der Altstadt von Malcesine – schon Goethe war nachhaltig von dem Bauwerk beeindruckt und bannte es während seiner Italienreise in einer Bleistiftskizze auf Papier.

Ursprünglich stand eine um die Mitte des ersten Jahrtausends von den **Langobarden** erbaute Burg an der Stelle des heutigen Kastells. Diese Festung wurde 590 zunächst von den Franken zerstört und später neu errichtet. Erst Ende des 13. Jh. kam sie für gut ein Jahrhundert in den Besitz der **Scaliger** (s. S. 71). In dieser Phase wurde das Bauwerk stark umgebaut und erhielt so seine heutige Gestalt. Später machten es sich die Visconti, die Venezianer, die Franzosen und bis 1866 die Österreicher zwischen den Mauern mehr oder weniger gemütlich. Unter der Befehlsgewalt der Österreicher erfolgten umfangreiche strukturelle Veränderungen im Inneren des Bauwerks. 1902 erklärte man die Burg zum nationalen Denkmal.

Sobald man den Eingang zum Castello hinter sich gelassen hat, erreicht man im unteren Burghof auf der linken Seite den **Palazzo Veneziano** mit dem darin untergebrachten **Naturgeschichtlichen Museum (Museo di Storia Naturale).** Im Rahmen einer modern aufgemachten multimedialen Ausstellung erhalten Besucher einen Eindruck von der Tier- und Pflanzenwelt des Landstrichs und der Entstehung des Monte Baldo 76 sowie des Gardasees.

Draußen erwartet einen der **Balcone sul Lago**, ein kleiner, 24 m über dem See hängender steinerner Balkon, von dem man eine einmalige Aussicht auf den See hat. Die dortige Seilwinde nutzten frühere Schlossbewohner zum Hinaufziehen von Behältnissen, die mit Wasser aus dem See gefüllt waren.

Eine Treppe führt hinauf zum mittleren Burghof und zu der um 1860 von den Österreichern erbauten **Pulverkammer.** In dem aus zwei Räumen bestehenden Gebäude ist der **Goethe-Saal** untergebracht. Während seiner Italienreise hielt Johann Wolfgang von Goethe (s. S. 30) im September 1786 das Abbild des Schlosses zeichnerisch fest und wurde deshalb von den venezianischen Machthabern kurzzeitig für einen Spion gehalten und beinahe verhaftet.

Das wohl imposanteste Bauwerk der Anlage ist der **Palazzo Scaligero,** die eigentliche Residenz der Scaliger, aus dem 13. Jh. mit ihrem Mauerwerk aus Quadersteinen und den auffälligen Schwalbenschwanzzinnen. Früher war das Gebäude nur durch den oberen Burghof erreichbar. Im Untergeschoss ist der **Galeerensaal** sehenswert, der sich mit der **Schifffahrtsgeschichte** und mit dem von den Venezianern durchgeführten, mühevollen Schiffstransport zwischen den Bergen (s. S. 30) beschäftigt. Eine der Galeeren, die später bei Lazise 66 versenkt und 1958 zufällig entdeckt wurde, kann im Museum begutachtet werden. Im oberen Stockwerk werden temporäre Ausstellungen internationaler Künstler gezeigt.

Am höchsten Punkt der Festung erhebt sich der 31 m hohe, in drei Phasen erbaute **Wehrturm,** der zu den ältesten Bestandteilen des Komplexes gehört. Der **Turmaufstieg** über die **steilen Treppen** wird mit einem **traumhaften Ausblick** über Malcesine belohnt.

› Via Castello, www.comunemalcesine.it/cultura-e-storia/castello-e-musei, Tel. 045 6589930, April u. Okt. 9.30–18.30 Uhr, Mai–Sept. 9.30–19.30 Uhr, Eintritt: Erw. 6 €, erm. 3 €

‹ Vom Castello Scaligero hat man einen perfekten Blick über die Dächer von Malcesine

› Plätze zum Plauschen und Relaxen gibt es in Malcesine in großer Zahl

79 Palazzo dei Capitani ★★ [E3]

Der ursprüngliche Bau wurde von den **Scaligern** (s. S. 71) Ende des 13. Jh. auf römischen Ruinen erbaut und gelangte später in Besitz des Veronesers **Francesco Mercanti** und seiner Kinder. In dieser Phase wurde das Gebäude im venezianischen Stil umgebaut und reich verziert. 1618 kaufte es die Gemeinde Verona und funktionierte es zur **Kapitänsresidenz** um, wie der Name „Palast der Seehauptmänner" zeigt. Erst 1897 wurde die Gemeinde Malcesine alleinige Eigentümerin.

Im Inneren lassen sich kunstvolle **Wandmalereien** bewundern, eine Gedenktafel erinnert an die Verdienste von Kapitän **Domenico Becelli.** Über den reizenden **Garten** gelangt man direkt ans Seeufer, wo früher das Boot des Seehauptmanns anlandete. Besichtigt werden können nur das Erdgeschoss und der Garten. Im Rahmen von Konzerten oder bei Hochzeiten ist auch das Obergeschoss zugänglich. In den Sommermonaten finden im Garten ab und an **Konzerte** statt.

› Via Capitanato 4, Tel. 045 7400044, EG und Garten frei zugänglich

047mg-ts

Infos und Reisetipps

82 Info Point Malcesine, Via Gardesana 238, Tel. 045 7400044, www.visitmalcesine.com, April–Okt. tägl. 9–17 Uhr

› **Parken:** Mitten in der Stadt an der Piazza Statuto befindet sich der Parcheggio Statuto, einen weiteren Parkplatz gibt es östlich der Gardesana (Parcheggio Centrale 1, Via Scuisse 12).

Essen und Trinken

83 Gelateria Cento per Cento €, Via Castello 31, Tel. 3355284062. In der Nähe des Castellos bekommt man bei Fabrizio äußerst schmackhaftes hausgemachtes Eis, vielleicht sogar das beste der Stadt, wie Einheimische meinen. In dem seit 1996 bestehenden winzigen Ladenlokal können Leckermäuler Dutzende Sorten wie *creme caramel* oder *fior di latte* (Sahneeis) testen.

84 Osteria Santo Cielo €, Piazza Turazza 1, Tel. 348451345, Facebook: Osteria-Santo-Cielo. Bei Sonnenschein sitzt man vor dem Lokal lauschig unter Schatten spendenden Weinreben. Die Tapas und *bruschette* sind vorzüglich, der Service aufmerksam. Gute Auswahl an Weinen auch aus der Region: Bardolino Classico, Lugana, Custoza. Dazu gibt es Salami und Käse. Hin und wieder Livemusik.

85 Ristorante Pizzeria da Pedro €, Vicolo Porto Vecchio 9, Tel. 045 7401081, www.dapedromalcesine.com. Ausgesprochen romantisch speist man in diesem Lokal an einem der wenigen Tische in einer urigen, kleinen Gasse in der Nähe des Alten Hafens. Auf den Teller kommen selbst gemachte Nudeln *(spaghetti frutti di mare),* Lachs vom Grill *(salmone alla griglia)* oder Pizzen mit wunderbar dünnem Boden. Durchweg leckere Speisen. Meist gut besucht.

86 Ristorante Pizzeria Italia da Nikolas €€, Via Portici Umberto I 5, Tel. 045 7400025, www.ristoranteitalianikolas.it. Touristisches Lokal in Traumlage am Hafen beim Palazzo dei Capitani. Angesichts der Aussicht und Atmosphäre sollte man hier zumindest etwas trinken. Die herrliche Außenterrasse ist teils windgeschützt und überdacht. Spezialität des Hauses: *supreme di faraona ripiene con crudo, salvia e salsa al Nosiola* (gefülltes Perlhuhn mit Schinken und Salbei in Nosiola-Weißweinsoße).

Einkaufen

87 Consorzio Olivicoltori Malcesine, Via Navene 21, www.oliomalcesine.it. Die 1946 gegründete Genossenschaft produziert u. a. aus der Sorte Casaliva hochwertiges Olivenöl, das hier im Ort, zusammen mit anderen regionalen Produkten wie Käse, Marmeladen, Liköre, Wein und Pasta, verkauft wird. Bis zu einer Höhe von 500 m wachsen an den Hängen des Monte Baldo 76 über 70.000 zum Teil über 500 Jahre alte Olivenbäume. Das qualitativ hochwertige, mit dem Herkunftssiegel D. O. P. ausgezeichnete Öl ist säurearm und fruchtig. Einzelbesucher können die Ölmühle oberhalb des Ortes besichtigen.

88 Shop Papillon, Viale Roma 5, Tel. 045 7400683. Das seit 1995 bestehende Geschäft hat regionale Mitbringsel im Angebot: Strohhüte, bunt bedruckte T-Shirts, Postkarten, Kartenmaterial und originelle Vespa-Souvenirs. Der freundliche und gut informierte Besitzer, als Laienschauspieler auf den Bühnen der Region unterwegs, erzählt gerne Interessantes über den Maler Gustav Klimt, seine Bilder und seine Aktivitäten in Malcesine vor über 100 Jahren.

GARDASEE AKTIV

048mg-ts

Baden und Wassersport

Baden

Rund um den Gardasee gibt es in den ufernahen Orten unzählige frei zugängliche Uferabschnitte, die sich zum Sonnen und Relaxen sowie für ein kühles Bad anbieten. Viele sind ausgestattet mit **Bars, Restaurants und Toiletten**, häufig werden auch **Liegestühle und Sonnenschirme** vermietet.

Zu beachten ist, dass die meisten Strände mit mehr oder weniger großen **Kieseln** daherkommen. Wer **Badeschuhe** im Gepäck hat, ist auf jeden Fall für alle steinigen Eventualitäten gerüstet. Wer allerdings kilometerlange, feinsandige oder gar palmengesäumte Strände sucht, der wird am Gardasee leider nicht fündig.

Besonders **familienfreundlich** sind die lang gezogenen Kiesstrände von Riva del Garda 1 am Nordufer mit Liegewiese, Sanitäranlagen, Spielplätzen, Badeinseln und Rettungsaufsicht in den Sommermonaten. Ebenfalls gut für Kinder geeignet sind die flach abfallenden **Sandstrände** bei Lazise 66 am Ostufer – eine Rarität am Gardasee. Am Westufer fühlen sich Familien am Strand von San Felice del Benaco 47 wohl.

Am Südufer verfügen die Orte Desenzano 51 und Peschiera 59 über ausgezeichnete Bademöglichkeiten. Nicht unterschlagen sollte man die langgezogenen Kiesstrände Bardolino 67 und Garda 70 im südlichen Bereich des Ostufers, in deren Nähe sich zahlreiche Campingplätze angesiedelt haben. Wo kein wirklicher Strand zu finden ist, verfügen Hotels oder Campingplätze oft über **Stege und Leitern**, die den Zugang zum See erleichtern, wie etwa in Gardone Riviera 39 oder Sirmione 55.

Neben den frei zugänglichen Uferbereichen hat sich hier und da manch hippe Strandbar etabliert, die mit abendlicher DJ-Musik und Liegen unter Palmen punktet, jedoch auch meist Eintritt verlangt, z. B. am **Lido di Lonato** [B8] oberhalb von Desenzano.

Die **Wasserqualität** des Gardasees hat sich in den letzten Jahrzehnten deutlich verbessert und wird heute mit gut bis sehr gut bewertet. Die zuständigen Behörden untersuchen das Wasser regelmäßig nach strengen, europäisch einheitlichen Richtlinien. 2023 wurden Gardone Riviera, Sirmione und Toscolano-Maderno 34 mit der Auszeichnung **„Blaue Flagge“** bedacht. Während der Gardasee im Januar eine **Wassertemperatur** von durchschnittlich 10 °C aufweist, kann man im Juli bei angenehmen 22 bis 24 °C baden.

Gut für ein erfrischendes Bad eignen sich ferner die **Seen im Hinterland** wie der kleine Lago di Tenno 23 oder der größere Lago di Ledro 24, an dessen Ufer Liegewiesen, Spielplätze, Restaurants und Bars einen angenehmen Aufenthalt versprechen.

Bei schlechtem Wetter oder kühleren Temperaturen bietet sich das Thermalbad **Aquaria** (s. S. 70) in Sirmione an.

Segeln und Bootfahren

Der Gardasee wird von **Seglern** sehr geschätzt, überall am Ufer finden sich **Marinas.** In vielen Ortschaften existieren traditionsreiche **Segelclubs**, von denen manche schon vor über 100 Jahren gegründet wurden. Einer

◁ *Vorseite: Bei Riva del Garda 1 sind die Segelbedingungen meist bestens* der ältesten ist die seit 1891 bestehende **Società Canottieri Garda** in Salò (42) am Westufer. Die dort ausgebildeten Wettkampfmannschaften konnten schon große Erfolge für sich verbuchen, u. a. bei der berühmten Segelregatta **Centomiglia** (s. S. 110), die alljährlich im September auf dem Gardasee veranstaltet wird.

Bekannt ist zudem das **Segelzentrum Fraglia Vela Malcesine** mit Sitz in Navene [E3] am Ostufer, das schon seit 1947 existiert. Hier werden auch **Segelkurse** für Anfänger und Fortgeschrittene organisiert.

› **Società Canottieri Garda:** www.canottierigarda.it (nur auf Italienisch)
› **Fraglia Vela Malcesine:** www.fragliavela.org (auch auf Englisch)

Eine individuelle **Bootsfahrt** auf dem Gardasee ist ein großes Vergnügen. Rund um den See existieren einige **Verleihfirmen für Segel- und Motorboote**, die mit oder ohne Führer- bzw. Segelschein gemietet werden können. Empfehlenswerte Anbieter:

S89 **Boat Garda Yachting & Charter,** Lungolago Cipriani, Bardolino (67), Tel. 045 7430854, www.boatgarda.com. Verleih von Motor- und Segelbooten, mit und ohne Führerschein bzw. teils mit Skipper.

S90 **Garda Yachting Charter,** Via Lungolago Zanardelli 35, Toscolano-Maderno (34), Tel. 0365 548347, www.gyc.it. Verleih von Motor- und Segelbooten, mit und ohne Führerschein.

S91 **Olympia Boat Charter,** am Strand von Lazise (66), beim Camping du Park, Tel. 3407197656, www.reshot-olimpia.it/boat-service.html. Motorbootverleih ohne Führerschein.

049mg-ts

Mit seinem klaren und sauberen Wasser ist der Gardasee ein idealer Tauchspot

Tauchen

Der bis zu 346 m tiefe Gardasee stellt ein vielfältiges Tauchgebiet dar. Im Uferbereich von Riva (1) am Nordufer sowie im Westen und Osten gibt es mehrere offizielle Tauchspots. Beispielsweise bietet sich am Westufer von Riva das bis zu 30 m tiefe, mittelschwere **Sperone-Gebiet** oder das **Hafenareal von San Nicolò** an, wo man in 15 m Tiefe die Statue „Cristo Silente" („Schweigender Christus") entdecken kann, ein Werk des aus Riva stammenden, 2020 verstorbenen Künstlers Germano Alberti.

In **Torbole** (12) können Taucher ihrer Leidenschaft am Tauchspot vor der **Villa Cian** im Bereich des gleichnamigen Restaurants oder am Ostufer bei den **Steilwänden von Calcarolle** nachgehen.

Weitere ausgeschriebene Taucharealе gibt es in **Tempesta** [E2] einige Kilometer südlich von Torbole, und in **Navene** [E3] nördlich von Malcesine (77). Hier können erfahrene Taucher beim **Cippo di Confine** u. a. bis in eine Tiefe von 40 m abtauchen.

050mg-ts

Vor **Lazise** 66 liegen, ca. 500 m vom Ufer entfernt, die Überreste zweier venezianischer Galeeren im Wasser.

Schnorcheln spielt am Gardasee kaum eine Rolle.

Wind- und Kitesurfen, Stehpaddeln

Die **Nordküste** des Gardasees ist ein weltweit bekannter und geschätzter Hotspot für Windsurfer. Grund hierfür sind die mehr oder weniger jeden Tag auftretenden Winde. In den Morgenstunden bis etwa mittags sorgt der aus Norden wehende **„Vent“** oder **„Pelér“** für ordentlichen Wind. Dieses insbesondere im Sommer kräftig auftretende Phänomen kann für Windstärken von über 10 m/s und erstaunlichen Wellengang sorgen. Ab den Mittagstunden freuen sich Wassersportenthusiasten auf die **„Ora“**, eine aus Süden bis zum Sonnenuntergang wehende Windströmung, die ebenfalls im Sommer ihre größte Kraft entwickelt und ähnliche Windstärken erreicht wie der „Pelér“. Hauptsächlich im Winter tritt in Riva 1 der vom trentinischen, 755 m hohen Ballino-Pass (Passo de Ballino) herunterwehende **„Balinot“** auf, der deutlich höhere Windgeschwindigkeiten als „Ora“ und „Pelér“ erreichen kann.

In Riva und Torbole, im Bereich des Westufers rund um Campione 27 und am nördlichen Ostufer bieten mehrere **Surfschulen** Kurse fürs Windsurfen und **Stand-Up-Paddling** an.

Kitesurfer kommen rund um Riva und Torbole trotz windiger Verhältnisse nicht auf ihre Kosten, denn das Kiten ist am Nordufer und an den angrenzenden West- und Ostufern nicht erlaubt. Erst einige Kilometer weiter südlich können Freunde dieser Sportart ihrer Passion nachgehen.

⌃ An Wind mangelt es im Norden selten – perfekt für Surfenthusiasten

› Radfahrer finden am Seeufer so manchen Ort für eine entspannte Pause

Radfahren

Der **nördliche Gardasee** und sein Hinterland zählen zu den besten Bike-Gebieten Europas. Ein rund 1000 km langes ausgewiesenes Wegenetz spannt sich in Garda Trentino von den alpinen Hängen bis zu den Ufern des Sees. Für jeden Anspruch ist etwas dabei. Angesichts der vielen Steigungen kommen im Norden vor allem Mountainbiker auf ihre Kosten, etwa auf der alten Route **Strada del Ponade** [E2] oder am **Lago di Ledro** 24. In Torbole sul Garda 12 macht die zum Bike-Park Garda Trentino Gravity gehörende, atemberaubende **Mountainbike-Downhill-Strecke 601** *(seicentouno)* von sich reden. Alljährlich im Frühjahr ist Riva 1 Schauplatz des **Bike Festivals** (s. S. 108), einem mehrtägigen Event für Mountainbiker.

Am **Ostufer** des Sees rund um den **Monte Baldo** 76 rauschen Könner auf ihren Bikes auf ausgeschilderten Trails durch die Wälder bis zum See hinab.

Im **Süden** lässt es sich aufgrund der geografischen Gegebenheiten deutlich entspannter durch die nur leicht hügelige Natur radeln. Herrlich ist zum Beispiel die rund 15 km lange Tour von Peschiera 59 bis nach Valeggio sul Mincio 62, bei der man dem **Flussverlauf des Mincio** folgt.

Viele **Hotels** der Region sind auf die sportiven Radfahrer bestens eingestellt. Sie bieten Kartenmaterial an, stellen gesicherte Abstellmöglichkeiten für die Räder und Werkzeug für Reparaturen zur Verfügung, veranstalten geführte Touren oder vermieten Räder aller Art. Auch sonst gibt es rund um den See zahlreiche **Fahrradverleihe** (Citybike ca. 15 €/Tag, Mountainbike ca. 20 €/Tag, E-Bike ca. 35 €/Tag).

Derzeit arbeitet man an einem **Radweg rund um den See** (Ciclovia del Garda, s. unten). Das Radfahren auf der **Gardesana** mit ihren oft schmalen Tunneln und ihrem starken Verkehrsaufkommen ist hingegen auf keinen Fall zu empfehlen.

MEIN TIPP

Beeindruckender Radweg: Ciclovia del Garda

Von **Limone sul Garda** 25 bis zur Grenze zwischen der Lombardei und dem Trentino entstand in den letzten Jahren ein spektakulärer **Radweg,** der auch von **Fußgängern** genutzt werden darf. Ein ca. 2 km langes Teilstück wurde teils **frei schwebend** an der Felswand montiert – eine architektonische Meisterleistung – mit direktem Blick auf den Gardasee. Zu beachten gilt jedoch: Gerade in der **Hauptsaison** stellt sich eine Fahrt mit dem Fahrrad als schwierig dar, da man sich die Route dann mit zahllosen Fußgängern teilt.

Dieses Teilstück soll in naher Zukunft bis nach Riva 1 verlängert werden. Ein weiterer Abschnitt am Ostufer zwischen Malcesine 77 und Brenzone 74 ist bereits fertiggestellt. Weitere Etappen sind im Bau.

051mg-ts

Wandern

Wandern liegt hoch im Kurs bei Urlaubern und Einheimischen. Die herrliche Landschaft des Gardasees verleitet dazu, den Rucksack zu schnüren und loszugehen. Rund um den Gardasee existieren Dutzende ausgeschilderte und bestens gepflegte **Wanderwege**. Insbesondere die Bergregionen des Nordens, der Monte Baldo 76 im Osten sowie die Hochebenen von Tremosine 26 und Tignale 28 im Westen sind ein Eldorado für Wanderer. Eher unbekannt ist das Terrain im Süden, das mit Weinanbaugebieten und geringen Steigungen punktet.

Die im Folgenden vorgestellten Wanderungen sind durchweg **Halbtagestouren** und von einfacher bis mittlerer Schwierigkeit. Die Auswahl richtet sich vor allem an Menschen mit **durchschnittlicher Kondition**, die die grandiose Landschaft genießen möchten, ohne sportliche Höchstleistungen vollbringen zu müssen. Vor allem die Panoramatour in Torbole 12 (Wanderung 1) und die Erkundung des Papiermühlentals bei Toscolano-Maderno 34 (Wanderung 2) lassen sich zudem gut **mit Kindern** bewältigen. Bei der jeweils angegebenen Tourdauer handelt es sich um reine Gehzeiten. Wer unterwegs in einer Hütte einkehrt, sich im nahen Schwimmbad abkühlt oder das Museum am Wegesrand besucht, sollte diese Wohlfühlmomente, die Zeit kosten, bei der Tagesplanung bedenken.

Selbstverständlich sollte man stets auf **gutes Schuhwerk** achten und genügend **Getränke und Proviant** mitnehmen. Gerade in den Bergregionen und je nach Jahreszeit ist **wettergerechte Kleidung** (Regen-, Fleecejacke etc.) sinnvoll.

Routenverlauf im Faltplan

Die hier beschriebenen Wanderungen sind mit einer farbigen Linie im Faltplan eingezeichnet.

Wanderung 1: Auf dem Panoramaweg von Torbole nach Tempesta

Wir starten am **Panoramaparkplatz oberhalb von Torbole sul Garda** 12 und verlassen diesen über einen Weg parallel zu der in Serpentinen bergauf führenden Straße, die im weiteren Verlauf **Via delle Busatte** heißt. Am Ende des Parkplatzes trifft man auf mehrere Schilder und Treppen. Ein Weg führt zurück nach Torbole, wir entscheiden uns jedoch für die nach links ansteigenden **Treppen.** Nach ein paar Dutzend Stufen quert man die bereits bekannte Straße. Anschließend folgt man dem gegenüberliegenden Fußweg weiter bergauf, bis man erneut auf die Straße trifft. Nun sind es ein paar Dutzend Meter bis zu einer scharfen Rechtskurve. Dort zeigen **Hinweisschilder** mit der Aufschrift „Le Busatte – Parco ricreativo-sportivo" und „Sentiero Panoramico, Busatte – Tempesta" den richtigen Weg, bis man einen weiteren Parkplatz erreicht.

Nun ist man direkt beim **Ristorante Le Busatte** mit seiner großen Liegewiese und dem angrenzenden **BMX-Park** (Samstag- und Sonntagnachmittag bei guter Witterung geöffnet). Wenige Meter weiter hat sich der **Busatte Adventure Park** (s. S. 31) etabliert, der Kletterparcours verschiedener Schwierigkeitsgrade bietet. Wer Lust hat, kann hier auf dem Hin- oder Rückweg einen längeren Stopp einlegen.

Wir folgen der **Ausschilderung „Busatte – Tempesta“** und lassen den Park rechts liegen. Nun sind es nur noch wenige Minuten, bis sich ein erster herrlicher Blick auf den Gardasee, Torbole, den Monte Brione 11 und Riva 1 bietet. Auf diesem Abschnitt stehen etliche **Infotafeln**, die beispielsweise über den zwischen den Felsblöcken wachsenden Judasbaum und den Perückenstrauch Auskunft geben. Die Wanderung führt weiter über einen breiten, kaum mit Anstiegen versehenen Weg, der fast immer die Sicht auf den See, die Berge und das V-förmige Ledrotal 24 auf der gegenüberliegenden Uferseite freigibt. Hin und wieder finden sich am Hang immergrüne **Steineichen** und die winterharte Weißeiche. Mit etwas Glück kann man am Himmel den **Schwarzmilan**, Falken oder auch einen Bussard entdecken.

Nach gut 2 km gelangt man zur ersten **Stahltreppe** namens **„Salt della Cavra“**. Auf 116 Stufen mit einem hohen, sicheren Geländer geht man stets **treppab** – eine grandiose Aussicht ist garantiert. Rund 1 km weiter muss ein weiteres Meisterwerk der Ingenieurskunst bewältigt werden: Die zum Teil ausgesetzt an der Felswand installierte, breite **Trep-**

> **Charakter:** Die aussichtsreiche, recht einfache Streckenwanderung führt an der Bergflanke des Nordostufers in Richtung Süden. Höhepunkt der Tour sind die teils senkrecht am Fels errichteten stählernen Stege und Treppen mit mehreren hundert Stufen. Sie sind breit und durch ein massives, hohes Geländer absolut sicher. Ein Ausflug auch für Kinder. Schwindelfreiheit ist Voraussetzung, der Rückweg führt treppauf. Der übrige Streckenverlauf besteht aus angenehm breiten steinigen bis kieseligen Passagen.
> **Ausgangs- und Endpunkt:** Parkplatz oberhalb von Torbole sul Garda 12 [F2]
> **Länge:** hin und zurück ca. 8,6 km
> **Dauer:** 2½ Std. reine Gehzeit
> **Höhenunterschied:** ca. 310 m im An- und Abstieg
> **Einkehr:** zu Beginn nach wenigen 100 m im Ristorante Busatte oder am Ende in den Lokalen in Torbole
> **Anfahrt:** per Auto nach Torbole und dort von der Piazza Goethe 14 auf der Via Pontalti bergauf zum Parkplatz. Wer ohne Auto vor Ort ist, kann vom Zentrum aus den Hinweisschildern nach „Le Busatte“ folgen.
> **Abkürzung:** Rückfahrt nach Torbole ab Tempesta [E2] mit Bus 484 (ca. 5 Min. Fahrt, halbstündlich oder stündlich)

Die sicher im Fels installierten Treppen sind ein Höhepunkt der Tour

052mg-ts

pe „Corno de Bò“ verfügt über 238 Stufen. Anschließend kommen einige **Waldpassagen**, die besonders im Hochsommer angenehmen Schatten bieten.

Nur rund zehn Minuten später erreicht man die letzte **Treppe** des Panoramaweges namens **„Val Calcarole“**, die „nur“ 33 Stufen besitzt und kaum ausgesetzt ist. Anschließend gelangt man auf einen breiten, steinigen **Forstweg**, der Wanderer laut Schild in rund 30 Minuten hinab nach **Tempesta** [E2] führt, wo die Möglichkeit besteht, an der Gardesana den **Bus** zurück nach Torbole zu nehmen.

Alle anderen kehren einfach um und treten den Rückweg über die bereits bekannten Treppen an – diesmal jedoch treppauf. Nach rund 2½ Std. ist der **Ausgangspunkt** am Parkplatz in Torbole erreicht.

Wanderung 2: Unterwegs im Valle delle Cartiere (Papiermühlental)

Vom kleinen **Parkplatz** einige Meter südlich des **Museo della Carta (Papiermuseums)** 38 in **Toscolano-Maderno** 34 gehen wir zunächst auf einem asphaltierten Weg leicht bergan. Rechts erheben sich die Felswände des Tals, links fließt der Toscolano. Nach einigen Tunneln sieht man auf der linken Seite über den Fluss hinweg das **Papiermuseum**, das man am besten auf dem Rückweg besichtigt – so kann man den Besuch mit einer Rast im dortigen **Café** verbinden.

Die Strecke verläuft entlang der **rechten Talseite** auf einer **Schotterpiste**, Schilder verbieten hier das Schwimmen im rund 20 m tiefer fließenden Fluss. Die **Zypressen**, die man überall im schmalen Tal sieht, gehören übrigens zu einem in Etappen durchgeführten Aufforstungsprogramm, das man im 19. Jh. startete, als man merkte, dass aufgrund der Abholzung der umliegenden Wälder der Boden durch Ausschwemmung stark in Mitleidenschaft gezogen worden war. Das Holz benötigte man zur Herstellung von Kohle und diese wiederum zur Befeuerung der Maschinen in den Papierfabriken.

> **Charakter:** einfache Streckenwanderung auf meist breiten, teils steinigen Wegen durch ein reizvolles Tal mit wunderbarem Ausblick auf die Berge und den Fluss. Unterwegs finden sich interessante Relikte aus jener Zeit, als hier noch viele Papiermühlen die Kraft des Wassers nutzten. Bei sommerlichen Temperaturen bietet der Fluss Toscolano eine willkommene Erfrischung für die Füße. Ausgezeichnet für Familien geeignet.
> **Ausgangs- und Endpunkt:** Parkplatz einige Meter vor dem Museo della Carta 38 in Toscolano-Maderno 34 [C5]
> **Länge:** hin und zurück ca. 6 km
> **Dauer:** ca. 1½ Std. reine Gehzeit
> **Höhenunterschied:** ca. 350 m im An- und Abstieg
> **Einkehr:** im Café des Papiermuseums am Anfang oder Ende der Tour, unterwegs keine Möglichkeit (Proviant mitnehmen)
> **Anfahrt:** nur per Auto. In Toscolano, in der Nähe des Flusses, biegt man Richtung Gaino ab und folgt dann links der Ausschilderung „Valle delle Cartiere“.

Auf dem weiteren Weg kommen wir an einigen Häusern vorbei. Einem rechts abzweigenden Pfad nach Gaino schenken wir keine Beachtung und erreichen eine große **Steinbrü-**

cke, die uns über den Fluss auf die andere Talseite führt. Am Ende der Brücke biegen wir rechts ab und folgen der Beschilderung Nr. 19 in Richtung Gaino, Fornico und Sasso. Wenige Schritte weiter erreichen wir eine Art Gehöft mit Gebäuden im Ort **Maina Superiore,** darunter die Villa der Unternehmerfamilie **Maffizzoli.** Als einer der ersten Produzenten im Tal betrieben sie im 19. Jh. eine innovative Maschine namens „Holländer", die die Stampfwerke zum Zerkleinern des Faserbreis überflüssig machte und so die Herstellung deutlich beschleunigte. Das nach einem Brand im Jahr 1881 neu erbaute Werk in Maina Superiore hatte für damalige Verhältnisse außergewöhnlich große Ausmaße, war drei Stockwerke hoch, 75 m lang und 15 m breit. Es war der bedeutendste Produktionskomplex der gesamten Region. Auf der weiteren Etappe links des Flusses können die **Überreste dieser Fabrik** besichtigt werden, wie die drei Leimkessel, die sogenannten *caldare,* die für die Imprägnierung des Papiers benötigt wurden. Wendet man wenig später den Blick nach rechts auf die gegenüberliegende Talseite, erkennt man mit etwas Mühe die Überreste der Ansiedlung **Van cinelle,** die damals mithilfe einer Brücke von Maina Superiore aus erreichbar war.

Im weiteren Verlauf sieht man zwischen Olivenbäumen, Efeu und Robinien immer wieder **Ruinen früherer Industriegebäude,** auf deren Mauern der Milzfarn, die Mauerraute oder das Mauer-Glaskraut vorzüglich gedeihen. Außerdem liegen hier und da durch die Gletscher der Eiszeit von den Bergen ins Tal transportierte **Findlingsblöcke,** *vago* genannt, die teils von Menschenhand geschaffene Löcher besitzen. Diese Steine nutzte man, um etwa das Wasser des Wildbaches auf Mühlräder umzuleiten.

Der Weg entfernt sich vom Bachbett, führt auf unebenem Schotteruntergrund leicht bergan und erreicht eine weitere **Brücke,** die uns erneut auf die rechte Talseite bringt. Von der Brücke eröffnet sich ein grandioser

Viel grüne Natur erwartet Wanderer im Papiermühlental

Blick in die bergige Landschaft und hinunter ins rund 30 m tiefer liegende Bachbett. Danach halten wir uns links, folgen dem ansteigenden Weg und gelangen in eine Ortschaft namens **Caneto.**

Wenig später stoßen wir rechter Hand auf einen Abzweig, der uns nach Gaino bringen würde. Wir gehen jedoch weiter geradeaus und genießen die schattige Wegstrecke, die uns zum nächsten Etappenziel bringt, dem **Gatto.** Blickt man nach links, sieht man die über eine Treppe erreichbaren **Ruinen** einer weiteren Papierfabrik, die bereits 1471 Erwähnung fand. Die Relikte dieser historischen Produktionsstätte entdeckte man erst bei Ausgrabungen im Jahr 2002, zuvor war das Areal mit Erde und Vegetation bedeckt.

Wir wandern weiter geradeaus und ein Stück abwärts und gelangen so direkt an das **Ufer des Baches,** der sich über eine kurze **Betonbrücke** überqueren lässt – hier besteht die Möglichkeit einer **Abkühlung.** Danach lenken wir unsere Schritte nach rechts, um den Wasserlauf wenig später erneut über eine **Brücke** zu queren. Hier endet die Strecke an einem **Privatgelände** und man muss über eine weitere Brücke und durch ein Tor zurück auf die linke Seite des Bachbettes gehen. Hier befindet sich ein Gelände der Pfadfinder.

Über ein paar geradeaus und bergauf verlaufende Meter durch den **Wald** kommen wir zu einer **Gabelung,** an der wir den rechten Abzweig nehmen. Rechts plätschert der Wildbach und es stellt sich die Frage: Gehen wir rechts oder links? Wir halten uns rechts und erreichen einen alten, dunklen **Militärtunnel,** der uns nach wenigen Metern wieder an die frische Luft entlässt und ein **Wasserbecken** freigibt. Ein idyllischer Ort. Da es hier kein Weiterkommen gibt, laufen wir zurück zur letzten Gabelung und halten uns rechts. Das Tal wird immer enger, wir befinden uns kurz vor der **Schlucht von Covoli,** dem letzten Ort im Papiermühlental. Ob der Weg in die Schlucht geöffnet ist, sollte man zu Beginn im Papiermuseum oder vor dem Start in einem der lokalen Infobüros (s. S. 127) erfragen.

Auf derselben Strecke wandern wir anschließend **zurück zum Ausgangspunkt** und können im **Museumscafé** eine Pause einlegen.

Wanderung 3: Durch die Weinberge von Custoza

Vom **Parkplatz am Freibad Picoverde** gehen wir auf der schnurgeraden Zufahrt zurück zur Straße namens **Strada Ossario.** Der Weg führt nach links, die **Asphaltstraße** hinunter, und eröffnet eine weite Sicht über die herrliche, leicht hügelige Landschaft mit Waldinseln und Weinbergen. Zuvor zeigt sich eine **Infotafel** mit einem großen historischen Foto und der Überschrift „Il Sego della Vecia". Die Abbildung einiger gut gelaunter, verkleideter Kavalleristen erinnert an eine traditionelle Theaterveranstaltung, die 1952 in der Region letztmalig stattfand und bei der teils bis zu 150 Schauspieler und Statisten aktiv waren.

Wenige Minuten später erreicht man, an einer Kurve gelegen, die von den Brüdern Damiano und Silvio geführte **Cantina Tabarini** (www.cantinatabarini.com), die Custoza-Weißwein und Bardolino herstellt, ausschenkt

▷ Weinberge und Weingüter säumen den Weg rund um Custoza [E10]

und in Flaschen verkauft. Auf der wenig befahrenen Straße, die im Verlauf einen Rechts-Links-Schlenker macht, kommt man je nach Jahreszeit vorbei an blühenden Apfelbäumen, rotem Klatschmohn oder duftendem Jasmin.

Schilder am Wegesrand weisen auf die Weinstöcke eines weiteren, rund 140 ha großen Weinguts hin. Das Gut **Monte del Frà** (www.montedelfra.it) blickt auf eine lange Geschichte zurück, erste gesicherte Erwähnungen aus dem 15. Jh. nennen die Mönche von Santa Maria della Scala in Verona als Besitzer.

Bei Km 1 treffen wir auf ein weiteres Gut, die **Azienda Agricola Antica Corte Bagolina** (www.cantinabagolina.com). Wir folgen dem Weg bergab. Erst kommt eine scharfe Links-, dann eine Rechtskurve mit weiterhin reizvoller Sicht über die ländliche Ebene. Es geht vorbei am **Casino di Caccia** (www.casinodicaccia.com), wo man stilvoll nächtigen und speisen kann. Auf der gegenüberliegenden Straßenseite befindet sich eine **Übersichtskarte,** auf der Custoza, der größere Nachbarort Sommacampagna und ein Großteil der Route eingezeichnet sind. Wenig später stößt man linker Hand auf eine versteckt hinter einem Tor liegende Hofanlage namens **Mon-**

- **Charakter:** Südöstlich von Peschiera 59 führt diese einfache, ohne übermäßige Steigungen verlaufende Rundwanderung durch Felder, Wälder und Weinberge. Dank der hügeligen Landschaft sind weite Panoramablicke fast während der gesamten Tour garantiert. Am Start- bzw. Endpunkt erwartet Wanderer ein mit Grünflächen und Liegewiesen ausgestattetes Schwimmbad für eine erfrischende Abkühlung. Familienfreundliche Tour.
- **Ausgangs- und Endpunkt:** Parkplatz am Freibad Picoverde in Custoza [E10], GPS: 45.378533, 10.793878
- **Länge:** ca. 8 km
- **Dauer:** 1¾ Std. reine Laufzeit
- **Höhenunterschied:** 130 m im An- und Abstieg
- **Einkehr:** unterwegs mehrere Möglichkeiten bei einem der vielen Weingüter (Weinprobe) oder in einigen Lokalen entlang der Strecke, z. B. nach rund zwei Dritteln im Eiscafé Corte Vittoria
- **Anfahrt:** Mit dem Auto fährt man von Peschiera nach Süden in Richtung Valeggio sul Mincio 62. Von dort sind es nur noch wenige Kilometer nach Custoza.

055mg-ts

te Godi. Eine **Infotafel** klärt darüber auf, dass es sich um das ehemalige, mit einer Kirche versehene Anwesen des einstigen Grafen Ottolini von Custoza handelt.

Wir gehen weiter bis zu einer **T-Kreuzung**, halten uns dort links und gelangen für einige hundert Meter auf eine größere Straße. Nach einer ausgedehnten Rechtskurve nehmen wir an einem stattlichen, **unübersehbaren Baum** den Pfad nach links. Wir wandern auf einem breiten, ebenen **Feldweg** mit angrenzendem Bewässerungsgraben. Kurze Zeit später, nach knapp 4 km Wegstrecke, ist eine **Kreuzung** erreicht, an der man sich nach links wendet. Im Anschluss verläuft die Tour durch ein auch im Hochsommer Schatten spendendes **Waldstück** mit einem parallel zum Weg dahinplätschernden **Bach.** Sobald man das schützende Blätterdach nach rund 200 m verlässt, führt der Weg leicht ansteigend nach links hinauf, ein Wegweiser zeigt die Richtung.

Das imposante Ossario di Custoza überragt die leicht hügelige Landschaft

Vor einem geschlossenen Tor führt ein kurzer, schmaler Pfad bergan auf einen ebenen Weg und vorbei an einem Haus und einem Bambus-Wäldchen. Man trifft erneut auf einen Wegweiser und folgt diesem nach rechts. Wieder zeigen sich zahlreiche Weinstöcke. Linker Hand erblickt man in der Ferne das **Beinhaus von Custoza** (**Ossario di Custoza**, s. S. 105).

Nun trifft man auf ein **Schild,** das für den weiteren Verlauf eine „lange" oder „kurze" Wanderstrecke ausweist. Wir halten uns rechts, nehmen also die **„kurze" Strecke**, die grundsätzlich vom 15. September bis 30. Januar empfohlen wird, da die „lange" Strecke zu dieser Zeit durch ein Jagdgebiet führt. Nach wenigen Minuten stoßen wir auf eine asphaltierte Straße, gehen geradeaus und biegen hinter einigen Gebäuden links ab. So erreichen wir den Eingang zum Gelände von **Corte Vittoria** (www.cortevittoria.it) – das **Eiscafé** ist der perfekte Ort, um eine Pause einzulegen. Das selbst gemachte Eis ist köstlich, man bekommt Kaffee und wer möchte, kann sich mit ökologisch hergestelltem Käse oder hausgemachter Salami versorgen.

Verlässt man Corte Vittoria, führt der weitere Weg nach links erneut entlang einer Asphaltstraße. Sobald man die nächste **Gabelung** in der Ansiedlung **Molini** erreicht, hält man sich erneut links. Wir passieren ein Resort mit großem Garten, Swimmingpool und Kinderspielplatz, bis wir auf einen links abzweigenden, ansteigenden **Schotterweg** treffen – dort befindet sich ein **Schild** mit der Aufschrift „Percorso Camminacustoza". Nun folgt ein kurzes Stück bergauf, kurz darauf erreichen wir die ersten Häuser von **Custoza**, einen Friedhof und weitere Infotafeln zum Thema „Il Sego della Vecia". Ringsum wird weiterhin großflächig Wein angebaut.

Hinter der 1792 geweihten **Pfarrkirche San Pietro** führt die Route links die Strada Ossario hinauf in Richtung der ausgeschilderten **Touristeninformation** *(ufficio touristico)*. Dann folgen wir der Straße weiter zurück zum **Ausgangspunkt**, indem wir am Ende links zum Freibad Picoverde abbiegen.

Wer möchte, kann noch einen **Abstecher** zum weithin sichtbaren, ausgeschilderten **Ossario di Custoza** unternehmen, dem bereits erwähnten **Beinhaus**, das heute als **Gedenkstätte** fungiert (www.ossariocustoza.it, Mai–Sept. Di. 15.30–19, Mi.–So. 9–12.30 u. 15.30–19 Uhr, restl. Monate kürzer, Eintritt: 4 €, erm. 2 €) Der fast 40 m hohe, achteckige Bau wurde am 24. Juni 1879 fertiggestellt und ist die letzte Ruhestätte der italienischen und österreichischen Soldaten, die während der Italienischen Unabhängigkeitskriege zwischen 1848 und 1866 starben. In der Krypta sind unzählige Knochen und Schädel aufgebahrt, von einem Aussichtsbalkon genießt man einen weiten Blick über die Landschaft.

Weitere Aktivitäten

Canyoning

Eine **Sportart für Abenteuerlustige:** Es geht durch Schluchten und durch Bäche, man seilt sich ab, springt und rutscht – ein nasses, adrenalinförderndes Vergnügen. Vor allem der Norden rund um Riva ❶, Torbole ⓬ und Arco ⓳, aber auch die Hochebene von Tremosine ㉖ sind ein geeignetes Terrain. In Riva veranstaltet **Sailing du Lac** (s. S. 26) Canyoning-Touren. Außerdem empfehlenswert:

S92 Canyon Adventures, Via Matteotti 122, Torbole, Tel. 334 8698666, www.canyonadv.com. Bereits im Jahr 1993 spezialisierte sich dieser Veranstalter auf professionell geführte Canyoning-Touren. Im Laufe der Jahre sind weitere Angebote hinzugekommen: Kajakfahrten, Höhlentouren, Klettersteigausflüge und Kletterkurse. Für Interessierte fast jeden Alters. Erfahrung ist nicht vonnöten.

Klettern

Seit vielen Jahren wird am **Nordufer** des Sees rund um Riva, Torbole und Arco sowie am **Monte Brione** ⓫ geklettert. Aus einem Geheimtipp hat sich inzwischen ein internationaler Treffpunkt für die Elite des Klettersports entwickelt. Doch auch Anfänger finden genügend Routen, um ihr Können auszubauen und diesen Sport lieben zu lernen. Am **Monte Colodri** bei Arco lassen sich Dutzende von Klettertouren unterschiedlichster Schwierigkeitsgrade – von einfach (3c) bis anspruchsvoll (7c) – unternehmen, beispielsweise im Klettergarten **Falesia Muro dell'Asino** mit 45 Routen oder im **Massi di Prabi** mit 52 Routen.

Für **Familien mit Kindern** ist der Klettergarten **Falesia Family San Martino** mit seinen 17 Touren mit Schwierigkeitsgraden von 3a bis 6b eine gute Anlaufstelle. Bei Nago (15) sind Infotafeln aufgestellt, die auf Kletterwände im nahen Klettergebiet **Falesia Belvedere** hinweisen, etwa Belvedere mit 46 Routen oder Segrom mit 123 Routen.

In Torbole ist der Anbieter **Canyon Adventures** (s. S. 105) zu empfehlen, der auch Klettertouren und -kurse organisiert.

Am **Ostufer** des Sees ist der **Monte Baldo** (76) bei Kletterern beliebt. In Gardone Riviera (39) gibt es mit dem **Rimbalzello Adventure** (s. S. 56) einen **Hochseilgarten**, in Torbole einen weiteren, den **Busatte Adventure Park** (s. S. 31).

Ein besonderes Spektakel für Kletterfans stellt das **Rockmaster Festival** (s. S. 110) dar, das Anfang September in Arco stattfindet. Dann treffen sich für drei Tage die weltbesten Kletterer. Es ist beeindruckend, den Athleten bei den Weltcup-Wettbewerben in Disziplinen wie *Lead Climbing* (Vorstieg) oder *Speed* zuzusehen.

Paragliden

Gleitschirmflüge starten gewöhnlich am **Monte Baldo.** Dabei genießt man eine einzigartige Perspektive auf den See und das Ostufer. Ein offizieller Landeplatz befindet sich 2 km südlich von Malcesine (77). Auch **Tandemflüge** sind eine Option, wie sie zum Beispiel Garda Air Style anbietet:

› **Garda Air Style,** Tel. 162 3727265, www.gardairstyle.com. Rund 30-minütiger Flug inkl. Filmaufnahme und Gondelfahrt zum Berg ab 190 €. Treffpunkt an der Talstation Funivia Malcesine – Monte Baldo (s. S. 89).

Wintersport

Im Winter vergnügt man sich auf den Höhen des **Monte Baldo** bei einer **Schneeschuhwanderung**, beim **Eisklettern** oder beim **Skifahren.** Hier kann man – genügend Schnee vorausgesetzt – auf einigen Pisten, die sich für Anfänger und Fortgeschrittene eignen, Abfahrten absolvieren. Sie sind mit der **Seilbahn** erreichbar (Fahrt ab Malcesine bis zur Bergstation). Es gibt außerdem einen **Sessellift** zum Gipfel. Veranstalter bieten Ski- und Snowboardkurse an. Nähere Informationen:

› https://funiviedelbaldo.it/de/winter-de

Ein Gleitschirmflug über dem Gardasee schafft unvergessliche Erinnerungen

067mg-ts

Events, Feste und Folklore

Gefeiert wird am Gardasee oft, gerne und ausgiebig. Mal wird ein traditionelles Volksfest begangen, mal steht die Kulinarik im Vordergrund, ein anderes Mal geht es sportlich zu – die Bandbreite ist riesig.

An dieser Stelle seien nur die wichtigsten Veranstaltungen genannt. Weiterführende und aktuelle Infos zu den rund um den See stattfindenden Feierlichkeiten liefert beispielsweise diese **Website:**

› www.gardasee.de/veranstaltungen

Frühling

› **ChocoMusic (Ostern):** Das mehrtägige **Schokoladenfestival** wird seit einigen Jahren in Riva del Garda 1 auf der Piazza Cesare Battisti zelebriert. Lokale Meister präsentieren die hohe Kunst der Schokoladen- und Pralinenherstellung und fertigen köstliche Kreationen aus der Kakaobohne. Das Begleitprogramm beinhaltet Musik und Workshops zum Thema Schokolade, bei denen Besucher jeden Alters willkommen sind. Der Eintritt ist frei (www.cultura.trentino.it/deu/Termine/ChocoMusic-Rund-um-die-Schokolade).

› **Bike Festival (Ende April/Anf. Mai):** alljährlich in Riva stattfindendes, mehrtägiges Mega-Event für Mountainbiker aus ganz Europa (http://riva.bike-festival.de)

› **Mittelalterfest Rievocazione storica Ottone II (Anf. Mai):** Seit 1983 organisiert man in Lazise 66 am ersten Maiwochenende eine historische Nachstellung der Privilegien-Erteilung durch Kaiser Otto II. Neben mittelalterlichen Spielen und Ständen mit Kunsthandwerk sowie regionalen Produkten wird ein historischer Umzug mit kostümierten Teilnehmern und Fahnenschwingern veranstaltet (www.tourismlazise.it/de, Menüpunkt „Veranstaltungen").

› **Mille Miglia (Mai/Juni):** Tausende Schaulustige säumen die Straßen von Desenzano 51, wenn dieses seit 1927 veranstaltete Oldtimer-Straßenrennen stattfindet. Die Strecke führt von Brescia nach Rom und zurück (1000 Meilen bzw. *mille miglia*). Auf Hochglanz polierte Automobile statten dabei auch u. a. Desenzano und Sirmione 55 einen kurzen Besuch ab. Ein Festprogramm begleitet das Event (https://1000miglia.it).

Sommer

› **Salò in Musica (Mai–Aug.):** In den Altstadtgassen von Salò 42 feiert man in der Hauptsaison jeden ersten Donnerstag bis in die späten Abendstunden. Geboten werden Livekonzerte, Shopping bis 23 Uhr und ein Abschlussfeuerwerk.

› **Palio del Chiaretto (Ende Mai/Anf. Juni):** Während dieses **Weinfestes** verwandelt sich die Altstadt von Bardolino 67 in einen Traum in Rosa – hier wird der gleichnamige Roséwein gefeiert. Bei dem Fest gibt es unzählige Degustationsstände von Winzern und Herstellern regionaler Produkte in den Straßen der Stadt und auf der Promenade. Weitere Programmpunkte sind ein großes Feuerwerk, Konzerte, Drachenbootrennen und ein Vespatreffen (https://visitbardolino.it/en/palio-del-chiaretto).

› **Sardellata al Chiar di Luna (Juli):** Beim traditionsreichen Sardinenfestival spielt die Finte die Hauptrolle in Garda 70. Neben Essensständen sorgen die

◁ Vorseite: Lauschiges Plätzchen in Torri del Benaco 72

▷ Im August feiert man in Riva 1 das Märchenfest „La notte di fiaba"

Gemeinde und die Fischkooperative für Musik und Kurzweil.

- **Festival Violinistico Internazionale „Gasparo da Salò“ (Juli/Aug.):** Das mehrwöchige **Violin-Festival** lockt jedes Jahr hochkarätige Musiker sowie Tausende Besucher nach Salò. An etlichen Abenden spielen berühmte Orchester und Streicher auf den Plätzen der Stadt, etwa auf dem Vorplatz des Doms 45, klassische Musik. Das musikalische Event mit stimmungsvollen Darbietungen unter freiem Himmel ist nach dem bekannten, in Salò geborenen Geigenbauer Gasparo da Salò (s. S. 58) benannt.
- **Mittelalterfest Rustico Medioevo (Anfang Aug.):** Das traditionsreiche Festival in dem Bergdorf Canale di Tenno 23 erfreut Besucher bereits seit 1986. Während des mehrtägigen Spektakels erleben die Gäste historische Theateraufführungen und können Spezialitäten der Region wie *Polenta e Peverada* (Polenta mit Bratwurst und Brot) probieren, die nach mittelalterlichem Originalrezept gekocht wird.
- **Palio delle Contrade (15. Aug.):** Schon seit über 50 Jahren rudern alljährlich am Feiertag *ferragosto* Sportler aus allen Vierteln Gardas um die Wette. Zuvor ziehen die farbenfroh gekleideten Teilnehmer durch die Straßen, auf denen ein buntes Rahmenprogramm veranstaltet wird. Das eigentliche Rennen startet in den Abendstunden. Dabei kommen traditionelle Boote zum Einsatz, die ursprünglich für den Fischfang und den Transport von Waren gedacht waren und von vier weiblichen oder männlichen Ruderern gesteuert werden. Das siegreiche Viertel darf neben Ehre und Ruhm die Statue der Madonna Assunta für ein Jahr mit nach Hause nehmen. Das Fest endet mit einem großen Feuerwerk.
- **Palio delle Mura (Aug.):** Den über mehrere Tage ausgetragenen Ruderwettbewerb in Peschiera 59 flankiert ein buntes Rahmenprogramm. Bei dem traditionsreichen Event treten Sportler z. B. beim venezianischen Rudern, dem Stehrudern in flachen Booten, oder beim Drachenbootrennen gegeneinander an. Ferner sind Kanuten und Kajakfahrer am Start. Es gibt Konzerte, an Ständen werden regionale Spezialitäten feilgeboten und ein abendliches Feuerwerk darf natürlich nicht fehlen (www.paliodellemura.it).
- **Märchenfest „La notte di fiaba“ (Ende Aug.):** Das viertägige Fest in Riva begeht man jedes Jahr am letzten Augustwo-

076mg©were, stock.adobe.com

chenende. Kinder wie Erwachsene lassen sich begeistern von Veranstaltungen, die jedes Jahr ein anderes Märchen zum Thema haben. Spektakulärer Höhepunkt ist das Feuerwerk am Samstag (www.nottedifiaba.it).

Feiertage

- 1. Januar: **Neujahr** *(Capodanno)*
- 6. Januar: **Heilige Drei Könige** *(Epifania* oder *Befana)*
- **Ostermontag:** *Lunedì dell'Angelo* oder *Pasquetta*
- 25. April: **Tag der Befreiung Italiens** *(Anniversario della Liberazione)*
- 1. Mai: **Tag der Arbeit** *(Festa del Lavoro)*
- 2. Juni: **Tag der Republik** *(Festa della Repubblica)*
- 15. August: **Mariä Himmelfahrt** *(Assunzione di Maria Vergine* oder *Ferragosto)*
- 1. November: **Allerheiligen** *(Ognissanti* oder *Tutti i Santi)*
- 8. Dezember: **Mariä Empfängnis** *(Immacolata Concezione)*
- 25. Dezember: **Erster Weihnachtsfeiertag** *(Natale)*
- 26. Dezember: **Zweiter Weihnachtsfeiertag bzw. Stephanstag** *(Santo Stefano)*

Herbst und Winter

- **Rockmaster Festival (Anf. Sept.):** In Arco 18 trifft sich jedes Jahr für drei Tage die internationale Elite des Klettersports (www.rockmasterfestival.com).
- **Centomiglia (Sept.):** Die traditionsreiche, seit 1951 durchgeführte Segelregatta im Ortsteil Bogliaco von Gargnano 29 lockt Segelfreunde aus aller Welt an den Gardasee (www.centomiglia.eu).
- **Festa dell'Uva e del Vino (Ende Sept./ Anf. Okt.):** Während des Trauben- und **Weinfestes** verwandeln sich die Promenade und die Altstadt Bardolinos 67 in eine Präsentationsbühne mit Ständen für regionale Weine und veronesische Spezialitäten. Eine Hauptrolle spielt natürlich der Bardolino-Wein. Darüber hinaus hat man Gelegenheit, andere edle Tropfen wie z. B. den Amarone zu probieren. Rund 100.000 Besucher zählt das Festival alljährlich. Zum Abschluss der weinseligen Tage findet ein Feuerwerk statt (https://visitbardolino.it/en/festa-delluva-e-del-vino-bardolino).
- **I Giorni del Miele (Ende Sept./Anf. Okt.):** Seit den 1980er-Jahren wird die **Honigmesse** in Lazise 66 veranstaltet. Im Mittelpunkt stehen Honigsorten von mild bis würzig, mit Honig zubereitete Süßigkeiten oder entsprechend veredelte Kosmetika. Wer Lust auf Imkern hat, kann

077mg ©Jorg, stock.adobe.com

hier eine Ausrüstung zur Honigherstellung erstehen (www.tourismlazise.it/de, Menüpunkt „Veranstaltungen“).

- **Olivenfest in Malesine (Okt.):** Zur Zeit der Olivenernte findet an den Hängen des Monte Baldo 76 oberhalb von Malcesine 77 zwischen Olivenbäumen das Olivenfest der lokalen Olivenölbauern statt. Einheimische essen an langen Bierbänken in großen Bottichen hergestellte Polenta und schauen bei der Ölproduktion zu. Ein lokales, ungeschminktes Erlebnis, auch für Gäste von auswärts. Details erfährt man beim Consorzio Olivicoltori Malcesine (s. S. 92).
- **Festa delle Castagne und Festa del Marrone (Ende Okt./Anf. Nov.):** zwei **Kastanienfeste** zur Erntezeit im Bergdorf San Zeno di Montagna [D6] mit Marktständen, Livemusik und Maroni-Gerichten (www.marronedisanzeno.it/eventi.php)
- **Gourmetfestival „Garda Con Gusto“ (Nov.):** Das mehrtägige Food-Event in Riva 1 steht ganz im Zeichen von Genuss und regionalen Spezialitäten. Gäste können Leckereien nach traditionellen und neu interpretierten Rezepten probieren. Es gibt Show-Cooking-Stände. Alle angebotenen Speisen stammen ausschließlich aus dem nördlichen Teil des Gardasees sowie aus Trient.
- **Weihnachtsmärkte (Dez.):** In Arco werden an rund 40 Marktständen traditionelles Kunsthandwerk und Produkte aus der Region verkauft. Konzerte sorgen für ein stimmungsvolles Ambiente. Als besonders romantisch gilt der **Mercatini di Natale** in Canale di Tenno 23 mit Kunsthandwerk und kulinarischen Überraschungen. Weitere Weihnachtsmärkte finden z. B. in Garda 70, Malcesine und Bardolino statt.

Auch zur Weihnachtszeit lohnt sich eine Auszeit am Gardasee, wie hier in Torbole 12

057mg-ts

Gardasee kulinarisch

Freunde guten Essens kommen bei einer Reise an den Gardasee unbedingt auf ihre Kosten. Drei **Provinzen** liegen im Bereich des Sees: **Trentino, Lombardei und Venetien,** die für einen kulinarischen Mikrokosmos der italienischen Küche sorgen. Aufgrund der unterschiedlichen geografischen Gegebenheiten und kulturellen Besonderheiten unterscheidet sich die Küche der drei Provinzen teils deutlich.

Auf den Teller kommen selbstverständlich viele **Fischarten**, wie die Gardaseeforelle *(carpione)* mit ihrem zarten und äußerst schmackhaften Fleisch, die Finte (lokal auch Sardine genannt, eine im Süßwasser heimische Heringsart), der Aal, der Döbel oder der Hecht.

Viele Restaurants legen großen Wert auf die Verwendung lokaler Produkte von hoher Qualität. Im klassischen Ristorante oder in einer Trattoria wird, je nach Appetit des Gastes, die gesamte typische **Menüfolge** serviert: *antipasti* (kalte oder warme Vorspeisen), *primo piatto* (erster

Pizza, Pasta und mehr bieten die Restaurants rund um den See

Hauptgang, meist ein Nudelgericht), *secondo piatto* (zweiter Hauptgang, vor allem Fisch- oder Fleischgerichte), zum Schluss kommen *dolci* (Desserts) auf den Tisch. In der Regel wird ein **Gedeck** *(coperto)* berechnet, das meist 1–3 € pro Person kostet. Getrennt zahlen ist unüblich. Das **Trinkgeld** in Höhe von ca. 10 % des Rechnungsbetrags lässt man nach dem Bezahlen auf dem Tisch liegen. Das **Leitungswasser** kann man problemlos trinken, es ist jedoch oft mit Chlors versetzt.

Die Spezialitäten Venetiens

Im südöstlichen Bereich des Gardasees breitet sich die Region **Veneto** bzw. Venetien aus, eine Landschaft mit weiten Ebenen, sanften Hügeln und dem alles überragenden Monte Baldo 76. Dazwischen, besonders im Süden, entdeckt man immer wieder Reisfelder und ausgedehnte Weinanbauflächen. Neben den traditionellen, in ganz Italien beliebten Nudelgerichten werden vor allem zahllose Varianten von Reisgerichten bzw. **Risotto** serviert. Probieren sollte man etwa *risi e bisi* (Reis mit Erbsen), *risotto alla tinca* (Risotto mit Schleie) oder Risotto mit *radicchio trevisano.*

Unter den **Fleischgerichten** gilt *fegato alla Veneziana* (Kalbsleber mit Zwiebeln, Salbei und Weißweinsud) als Besonderheit, aber auch die Veroneser *sopressa,* eine grobe Salami-Art, steht bei Liebhabern deftiger Kost hoch im Kurs.

Eine typische Delikatesse sind auch **Tortellini:** Bei einem Besuch des Ortsteils Borghetto 63 in Valeggio sul Mincio 62 sollte man *tortellini di Valeggio* ordern, eine auch als *nodo d'amore* („Liebesknoten") bekannte Spezialität, oder sich die *tortelli di zucca,* mit Kürbis gefüllte Teigtaschen, auf der Zunge zergehen lassen.

Die Bergregion rund um San Zeno di Montagna [D6] besuchen Gourmets vor allem im Herbst, um die **Kastanienspeisen** nicht zu verpassen.

Als Weißwein serviert man einen vor Ort produzierten und gut gekühlten **Custoza** oder den bekannten rubinroten **Bardolino** mit seinem fruchtigen und ausgewogenen Bouquet, der in großen Mengen exportiert wird.

Feines aus der Lombardei

Lombardische Köstlichkeiten werden am Süd- und vor allem am Westufer mit den Hochebenen von Tremosine 26 und Tignale 28 aufgetischt. **Risotto** ist auch in der Lombardei außerordentlich beliebt und kann fast als Grundnahrungsmittel bezeichnet werden. Die Variationen sind vielfältig: Beispielsweise wird er mit **Safran** aus Pozzolengo [C9] verfeinert, der südlich des Gardasees angebaut

058mg-ts

059mg-ts

wird und als einer der besten in ganz Italien gilt.

Nichts für Vegetarier ist das bekannte **Ossobuco**, eine in Wein und Brühe geschmorte Kalbshaxe. Fleischliebhaber freuen sich zudem über das **Cotoletta alla Milanese**, eine Art Wiener Schnitzel, dessen Panade oft mit Parmesan verfeinert wird.

Des Weiteren sollte man auf jeden Fall **Spiedo** probieren. Dabei handelt es sich um einen Spieß, auf den, abwechselnd mit Kartoffeln und Salbei, Fleischstücke vom Schwein, Huhn oder Kaninchen gesteckt werden. Anschließend setzt man die langen Spieße in ein als *tamburo* bezeichnetes Gestell und grillt sie mehrere Stunden langsam über offener Glut.

Auf eine andere Köstlichkeit stößt man an Trockenmauern beispielsweise in Limone (25) oder Gargnano (29). Wer diese Standorte genauer inspiziert, entdeckt zur passenden Jahreszeit, nämlich zwischen Mai und September, eine kleine, an einem urigen Strauch wachsende Blütenknospe, nämlich die **Kaper**, die so manchem Gericht seine besondere Note verleiht.

KURZ & KNAPP

Brokkoli aus Torbole

Eingeführt wurde das Gemüse im 17. Jh. aus dem Gebiet um Verona. Das **besondere Klima** rund um **Torbole sul Garda** (12), insbesondere der starke Nordwind, der die Bildung von Eis und Raureif verhindert, begünstigt den Anbau. Die aus Torbole stammende Sorte ist eine besondere Züchtung und als Marke geschützt. Geerntet wird die Spezialität mit dem **milden, feinen Geschmack** von Anfang November bis in den April. Sie wird gern zu Wild, Rind, Schwein und Fisch gereicht. Optisch unterschiedet sich der Brokkoli aus Torbole vom bekannten, dunkelgrünen Vertreter, da er ins grün-gelbliche tendiert und wegen seiner Struktur eher an den Blumenkohl erinnert.

In Valeggio sul Mincio (62) sollte man unbedingt die Tortellini kosten

Im Süden rund um Custoza werden delikate Weißweine angebaut

Fruchtig und farbenfroh präsentiert sich eine weitere, weltberühmte Delikatesse, die früher in großen Mengen exportiert wurde und heute in Limone 25 (s. S. 42), Tignale 28 oder Gardone Riviera 39 in kleinen Zitrusplantagen angebaut wird: die **Zitrone.** Die saure Frucht wird u.a. zur Herstellung des **Limoncino** bzw. **Limoncello** verwendet, einem Likör auf Grappa-Basis mit einem Aufguss von Zitronenschalen.

Nachtischfans entscheiden sich möglicherweise eher für die süße und alkoholfreie *crema di Limone* oder für ein Stück traditionellen **Käse** der Sorte *formagella di Tremosine.*

Die Weinbegleitung besteht oft aus dem **Lugana-Weißwein,** einem edlen Tropfen, der in der ganzen Welt geschätzt wird, oder dem zwischen Padenghe und Salò 42 angebauten **Valtènesi,** den man als Rot- oder Roséwein genießen kann. Letzterer ist auch unter dem Namen **Chiaretto** bekannt.

Leckereien aus dem Trentino

In der nördlichen, von Bergen geprägten Region Trentino schmecken den Menschen vor allem herzhafte und deftige Speisen. Köstlich ist *carne salada,* hauchdünne Scheiben von gepökeltem Rindfleisch, klassisch warm angerichtet und mit extra nativem Olivenöl serviert. Ebenfalls sehr geschätzt wird die **Polenta,** eine Art fester Brei aus Maisgrieß, der in unzähligen Varianten zubereitet wird.

Typisch für den Ort Dro sind die dort angebauten, veilchenblauen **Pflaumen** mit ihrem festen Fruchtfleisch, die für die Zubereitung von Zwetschgenknödeln unerlässlich sind. Ebenso lecker und gesund ist der wegen seines süßen, feinen Geschmacks gerühmte **Brokkoli aus Torbole** (s. S. 113).

Den Nachtisch verfeinern aus der Region stammende **Feigen, Erdbeeren, Brombeeren oder Johannisbeeren,** die auch zu Marmeladen oder Saft verarbeitet werden. Eine alkoholische Spezialität ist der hochprozentige **Picco Rosso** aus dem Valle di Ledro 24, der aus Erdbeeren und Himbeeren hergestellt wird und eine lange Tradition besitzt.

⊡ *Die Zitronen von Limone 25 sind legendär und heiß begehrt*

056mg-ts

Meine Tipps

Lecker vegetarisch

Die italienische Küche bietet schon mit **Pizza und Pasta** ein reichhaltiges Repertoire an Möglichkeiten, auf köstliche Art und Weise vegetarisch zu essen. Auch viele **Antipasti-Gerichte** kommen ohne Fleisch oder Fisch aus. Daher findet man etliche italienische Restaurants und Tavernen, die vegetarische und vegane Speisen anbieten. In den größeren Orten am See findet man auch immer mehr **Restaurants**, die sich ganz der vegetarischen oder veganen Ernährung verschrieben haben. Eine Empfehlung sind diese hier:

- **Bio Essere** (s. S. 37) in Arco 18
- **Officina Verde – Cucina Vegetale** (s. S. 26) in Riva del Garda 1

Lokale mit Aussicht

- **Caffè Visconti** (s. S. 77) im Ortsteil Borghetto 63 von Valeggio sul Mincio 62: Lokal mit lauschiger Terrasse, von der man eine fantastische Sicht auf das Flüsschen Mincio und die Altstadt Borghettos genießt
- **Ristorante Miralago** (s. S. 44) in Pieve di Tremosine (Hochebene von Trimosine 26): Restaurant in spektakulärer Lage 400 m über dem Ufer mit sensationellem Panoramablick auf den See und die Berge am gegenüberliegenden Ufer
- **Ristorante Pizzeria Italia da Nikolas** (s. S. 92) in Malcesine 77: Lokal mit Traumlage am Hafen mit einer überdachten, windgeschützten Terrasse unmittelbar am Seeufer

Stöbern und Shoppen am Gardasee

Rund um den Gardasee lassen sich etliche regionale **Souvenirs** erstehen. Manche davon sprechen den Sinn fürs Ästhetische an, andere sind kulinarischer Art und überzeugen mit ihrem köstlichen Geschmack.

Regionale **Käsesorten** wie den „Garda" erhält man direkt beim Produzenten, beispielsweise im Laden der Genossenschaft Alpe del Garda (s. S. 45) in Tremosine. Eine andere vegetarische Spezialität ist **Brokkoli aus Torbole** 12 (s. S. 113). Als haltbares Souvenir sei eine aus diesem Gemüse hergestellte Paste empfohlen. Eine exklusive **Tortellini-Sorte**, die möglicherweise zu Hause für Begeisterung sorgt, gibt es in Valeggio 62: die sogenannten *nodi d'amore* („Knoten der Liebe").

Hochwertige **Olivenöle** mit gesetzlich geschützter Herkunftsbezeichnung (D. O. P.) sind beispielsweise in der Frantoio Cooperativa Agricola (s. S. 61) in San Felice de Benaco 47 oder beim Weingut Avanzi (s. S. 63) in Manerba del Garda [B7] erhältlich. Auch der **Balsamico Trentino** (s. S. 38) empfiehlt sich als kulinarisches Mitbringsel.

Bei den **Weinen** sind der **Bardolino**, der **Lugana** aus dem Weinbaugebiet südlich des Gardasees oder die Weine des Trentino wie der **Nosiola** zu nennen. Viele Winzer verkaufen ihre Produkte direkt vor Ort, zum Beispiel das bereits erwähnte Weingut Avanzi, Selva Capuzza (s. S. 75) in der Nähe von Desenzano 51 oder die Weinkellerei Mezzacorona (s. S. 37) in Arco 18.

Wer ein **Bier** vom Gardasee kaufen möchte, wird in Manerba in der dortigen Brauerei (www.manerbabrewery.it) fündig. Beliebt ist auch der süßsaure Likör namens **Limoncello**, den

060mg-ts

man in Limone sul Garda 25 überall kaufen kann. Man sollte jedoch darauf achten, dass bei der Herstellung Zitronen aus dem Ort verwendet wurden.

Vielerorts am See kann man natürlich auch **Grappa** aus der Region erstehen, u.a. bei Agriturismo Al Lambic (s. S. 47) auf der Hochebene von Tignale 28. Ein einzigartiges Geschenk ist der **Picco Rosso**, ein Himbeer-Erdbeerschnaps mit einem Alkoholgehalt von 61 Vol.-% aus Pieve di Ledro [D1]. Für Liebhaber von **Kaffee** bietet die Rösterei Omkafè (s. S. 27) in Riva 1 eine reichhaltige Auswahl an Kaffeesorten.

Weit verbreitet sind ferner **Keramikprodukte**, die oft mit farbenfrohen Früchten bemalt sind. In Limone stolpert man beinahe alle paar Meter über ein Souvenirgeschäft, das solche Schalen, Teller oder Tassen anbietet. Regelmäßige **Antiquitätenmärkte** finden etwa in Desenzano oder Lonato del Garda [A–B9] statt.

Spezialitätenläden machen Appetit auf Käse, Schinken oder feinen Wein

Wer **Outdoor-Bekleidung** in allen nur erdenklichen Ausführungen sucht, findet sein Lieblingsstück bestimmt in einem der unzähligen Spezialgeschäfte für Wander- und Klettersport sowie Mountainbiking in Arco.

Ebenfalls beliebt als Mitbringsel und Geschenk für die Daheimgebliebenen sind original italienische **Lederwaren**, die in manch kleinem Laden in höchster Qualität verkauft werden.

Beliebt sind die täglich rund um den Gardasee stattfindenden **Wochenmärkte.** Etwas seltener werden Bauern- oder Antiquitätenmärkte veranstaltet. Eine Terminübersicht findet man hier:

› www.gardasee.de/shopping/maerkte

Von den Anfängen bis zur Gegenwart

Die Gardaseeregion samt Verona und Brescia ist ein uraltes Siedlungsgebiet. Funde von Pfahlbauten, wie die am Lago di Ledro 24, zeugen davon, dass dort schon vor 4000 Jahren, also in der Bronzezeit, Menschen lebten. Die Kultur jener Epoche war hoch entwickelt: So fand man reich verzierte Dolche, bronzene Kronen und andere Schmuckstücke. Im Pfahlbautendorf wurde gewebt, Keramik gefertigt, Viehzucht betrieben und manch anderes Handwerk ausgeübt.

Wer tiefer in die prähistorische Kultur eintauchen möchte, begibt sich ins **Pfahlbauten-Museum** (Museo delle Palafitte, s. S. 39) im Ledrotal oder ins **Museo Alto Garda (MAG)** 5 in Riva del Garda 1, wo sich eine Vielzahl anthropogener Fundstücke begutachten lässt.

In den weiteren Jahrhunderten besiedelten verschiedenste Völker wie die **Ligurier** und **Veneter** (um 1000 v. Chr.), die **Etrusker** (6. Jh. v. Chr.) und die **Kelten** (5./6. Jh. v. Chr.) die Gebiete rund um den See.

Römer, Langobarden, Franken und Venezianer

Im 2. Jh. v. Chr. übernahmen die **Römer** die Herrschaft über ganz Oberitalien und hatten so auch das Sagen am **Lacus Benacus**, wie der Gardasee zu jener Zeit für einige Jahrhunderte hieß. Der Name „Benaco" soll keltischen Ursprungs sein. Zahlreiche Funde verweisen auf die Anwesenheit der Römer und ihre kulturellen und zivilisatorischen Errungenschaften. Besonders eindrucksvoll sind die Grotten des Catull 58, die größte römische Villa Norditaliens, und die Arena in Verona, eines der besterhaltenen antiken Amphitheater der Welt.

Im Laufe der Jahrhunderte kam es am Gardasee immer wieder zu kriegerischen Auseinandersetzungen zwischen Römern und anderen Völkern. Eine der größten **Schlachten** fand im Jahr 268 zwischen den **Alemannen** und den Römern unter Kaiser **Claudius Gothicus** (um 214–270) statt. Die aus dem Norden über die Alpen eingedrungenen Alemannen wurden geschlagen.

Nach dem Untergang des Weströmischen Reiches im 5. und 6. Jh. übernahmen zunächst die **Langobarden** die Macht. Erste christliche Gemeinden entstanden, wie einige der ältesten Kirchen und Burgreste am See bezeugen. Beispiele sind die Chiesa di San Pietro in Mavino (s. S. 67) in Sirmione 55 oder die Mitte des ersten Jahrtausends in Malcesine 77 erbaute Burg, an deren Stelle heute das Castello Scaligero 78 thront.

Im Jahr 774 eroberten die **Franken** unter **Karl dem Großen** (um 747–814) das Langobardische Königreich und übernahmen auch das Zepter in der Gardaseeregion. Dadurch vergrößerte sich das Fränkische Reich nach Süden bis zum Mittelmeer und erreichte zu jener Zeit seine größte Ausdehnung. Karl der Große setzte seinen Sohn **Pippin** (777–810) als **König von Italien** ein. Er wurde 781 von Papst Hadrian I. gekrönt. Im 9. Jh. zerfiel das Reich und wurde geteilt.

In den nächsten Jahrhunderten herrschte unter anderem **Otto I. der Große** (912–873) aus dem Geschlecht der **Liudolfinger** ab 951 als König von Italien über die Region, bevor er 962 zum römisch-deutschen

Kaiser ernannt wurde. In dieser Epoche gehörten der Gardasee und Verona zeitweise zum Herzogtum Bayern. Während der Regentschaft **Ottos II.** entstanden um das Jahr 1000 einige unabhängige lombardische Stadtstaaten, die sich aus der Unterdrückung der Fürsten befreien wollten. Mitte des 12. Jh. eroberte Kaiser **Friedrich Barbarossa** (1122–1190) weite Teile des Gardasees samt den inzwischen zu einiger Macht gekommenen lombardischen Städten. Um sich gegen den mächtigen Kaiser aufzulehnen, gründeten die Stadtstaaten kurze Zeit später die **Veroneser Liga** und die **Lombardische Liga** und errangen 1176 den Sieg über Barbarossa. 1183 erhielten die genannten Städtezusammenschlüsse im Rahmen des **Friedens von Konstanz** das Recht zur Selbstverwaltung.

Ende des 13. Jh. übernahmen die **Scaliger** (s. S. 71) die Macht am Gardasee und errichteten zahlreiche Festungen. Rund 100 Jahre später kämpften unter anderem die Visconti von **Mailand** und die **Venezianer** um die Vorherrschaft in der Region – die Republik Venedig, auch bekannt als *Serenissima* („die Heitere"), behielt die Oberhand. Als einer der spektakulärsten Kämpfe während des fast 30 Jahre währenden Krieges zwischen Mailand und Venedig gilt die **Seeschlacht von 1439** und deren aufwendige Vorbereitung (s. S. 30). Nachdem die Mailänder die Venezianer zunächst besiegt hatten, bauten Letztere in Torbole 12 neue Kriegsschiffe und überraschten die Mailänder Flotte im Frühjahr 1440 – der Gardasee stand nun wieder unter der Kontrolle Venedigs.

⌃ Schlachtengemälde im Denkmalkomplex des Torre di San Martino della Battaglia 61

› Die Bronzestatuen in Canale di Tenno 23 erinnert an die einst autonome Verwaltung des Ortes

Neuzeit und italienische Einigung

Im Jahr 1703 kam es in vielen Orten am Gardasee durch die Truppen unter dem französischen **General Vendôme,** auch bekannt als Louis II. de Bourbon (1654–1712), zu verheerenden Verwüstungen. Ende des 18. Jh. besetzten **Napoleon** und seine Soldaten die Lombardei. Im Zuge des **Friedens von Campo Formio** im Jahr 1797 wurde der westliche Teil des Gardasees Napoleon zugesprochen, das Ostufer und Verona gehörten fortan zu Österreich. Nur knapp 20 Jahre später änderten sich erneut die Machtstrukturen: Napoleon war gestürzt und auf dem 1814 stattfindenden **Wiener Kongress** beschloss man, dass die Lombardei und Venetien an Österreich gehen sollten.

Bis 1848 stellte sich eine kurze beinahe beschauliche geschichtliche Phase ein, die jedoch mit der aufkommenden italienischen Einigungsbewegung, als **Risorgimento** bekannt, und den damit eskalierenden Auseinandersetzungen zwischen Italien und Österreich ein blutiges Ende nahm. Die verlustreichsten Kämpfe jener Zeit fanden in den Jahren 1859 (Schlacht von Solferino) und 1866 (Schlacht von Custoza) südlich des Gardasees statt. Bei diesen **Italienischen Unabhängigkeitskriegen,** die erst 1870 mit der Einigung Italiens endeten, kämpfte das Kaiserreich Österreich gegen die Staaten Italiens, angeführt von Sardinien. Mit der **Gründung des Königreiches Italien** 1861 wurden die Lombardei und das Veneto italienisch, während das Trentino mit Riva unter österreichischem Einfluss blieb.

Vom 20. Jh. bis in die Gegenwart

Von 1914 bis 1918 tobte der **Erste Weltkrieg,** Österreich und Italien bekämpften sich unerbittlich. Nach der Niederlage der Mittelmächte musste Österreich 1919 im Rahmen des **Staatsvertrages von Saint-Germain-en-Laye** das Trentino, damals noch als Welschtirol bekannt, an Italien ab-

062mg-ts

063mg-ts

treten. Somit stand der gesamte Gardasee unter italienischer Herrschaft.

Anfang der 1920er-Jahre setzten sich in Italien die **Faschisten** durch. An die Macht kam **Benito Mussolini** (1883–1945), der das Königreich Italien als *Duce del Fascismo* von 1922 bis 1943 als Ministerpräsident diktatorisch regierte. Während des Zweiten Weltkrieges stand Mussolini ab 1940 an der Seite Hitlers und der Nationalsozialisten. 1943 wurde der Duce in Rom gestürzt und gründete daraufhin im September 1943 die faschistische **Repubblica Sociale Italiana („Italienische Sozialrepublik")**, als deren Hauptstadt er Salò 42 bestimmte. Als von Hitler eingesetzte politische Marionette bekleidete Mussolini bis April 1945 den Posten des Staatschefs. Auf der nachfolgenden Flucht wurde er von kommunistischen Partisanen gestellt und erschossen. Im **MuSa – Museo di Salò** (s. S. 57) wird neben vielen anderen Aspekten der Stadtgeschichte auch jene dunkle Epoche ausführlich beleuchtet.

Nach dem **Zweiten Weltkrieg** wurde Italien 1946 nach einer Volksabstimmung zur Republik erklärt und die Regionen Trentino und Südtirol eigenständige Provinzen. 1955 kam es zur Gründung der **Comunità del Garda**, die zum Ziel hatte, die gesamte Gardaseeregion ökonomisch zu fördern. Der Tourismus entwickelte sich bald zu einem der wichtigsten Wirtschaftszweige.

1970 wurde eine **Verwaltungsreform** durchgeführt: Das Land wurde in 20 Regionen unterteilt, die sich wiederum in Provinzen gliedern. Der Gardasee gehörte nun zu den drei Regionen **Lombardei** (Regionalhauptstadt Mailand), **Venetien** (Regionalhauptstadt Venedig) und **Trentino-Südtirol** (Regionalhauptstadt Bozen).

In den Jahrzehnten nach 1970 stiegen die Übernachtungszahlen stetig und bisweilen rasant an – der Gardasee wurde eines der **beliebtesten europäischen Reiseziele.** Die Zahl der Gästebetten und touristischen Einrichtungen wuchs. Später besann man sich darauf, mehr auf Qualität als auf Quantität zu setzen. Einen Überblick über die Entwicklung des Tourismus am Gardasee liefert das **Museo del Turismo** (s. S. 41) in Limone 25.

Ein wichtiges Ereignis auf kultureller Ebene war die Deklarierung der **Altstadt von Verona** (s. S. 74) zum **UNESCO-Weltkulturerbe** im Jahr 2000.

Im Sommer 2022 machte der Gardasee Schlagzeilen, als aufgrund einer **Dürre** der tiefste Wasserstand seit 15 Jahren gemessen wurde.

Das Denkmal in Campione del Garda 27 ehrt Vittorio Olcese, einen Pionier der Baumwollindustrie

078mg©Ralph Hoppe/www.FooTToo.de, stock.adobe.com

Praktische Reisetipps

An- und Rückreise

Den Gardasee erreicht man auf verschiedenen Wegen: entweder mit dem eigenen Fahrzeug, per Fernbus, mit der Bahn oder per Flugzeug. Wer vor Ort mobil sein und auch mal einen Ausflug in entlegenere Gebiete unternehmen möchte, sollte mit einem **eigenen Fahrzeug** anreisen oder sich nach der **Flugreise** am Zielort ein **Auto oder Motorrad leihen.** Letztere Variante ist besonders für **Urlauber aus West-, Ost- und Norddeutschland** mit überschaubarem Gepäck eine überlegenswerte Alternative. Die Preise für Flüge und Mietwagen sind, rechtzeitig gebucht, oft erschwinglich. Eine **Autofahrt** beispielsweise von Düsseldorf nach Riva del Garda 1 (gut 900 km) dauert mit Stopps schon mal 12 bis 13 Std. Wer aus München kommt, benötigt dagegen nur 4 bis 5 Std. für die knapp 400 km. Ein **Direktflug,** z. B. von Frankfurt nach Verona, dauert nur gut eine Stunde.

Mit dem Auto

Die meisten Reisenden aus Deutschland werden **via Innsbruck und den Brenner** über die **Autobahn** anreisen. Gerade in den Sommermonaten und den Ferienzeiten sollte man sich jedoch auf **volle Straßen und Staus** einstellen und dies bei der Planung der Anreise berücksichtigen. Besonders für Familien mit Kindern, die aus entfernten Gebieten kommen, kann es entspannter sein, eine Zwischenübernachtung auf halber Strecke einzulegen.

Vorseite: Schiffe verbinden die Orte am Seeufer miteinander (s. S. 18)

Reisende aus **Österreich** (Wien) passieren Graz und Venedig und erreichen so den Süden des Gardasees. **Schweizer** fahren etwa ab Zürich via Mailand und Brescia nach Desenzano 51.

In Österreich und Italien fallen auf nahezu allen Autobahnstrecken **Mautkosten** an. In **Österreich** muss eine gebührenpflichtige **Vignette** vorab online erworben werden, es gibt auch eine 1-Tages-Variante (www.asfinag.at/maut-vignette). Ein kleiner Trost sind die **geringeren Spritkosten** in Österreich. Wer den leeren Tank seines Fahrzeuges hier füllt, kann im Vergleich zu einem Tankstopp in Deutschland oder Italien einige Euros sparen.

In Italien müssen die Mautgebühren an den jeweiligen **Mautstationen** bei der Abfahrt von der Autobahn entrichtet werden, nachdem man zuvor an einer anderen Kontrollstation ein Ticket gezogen hat. Hierbei wird die gefahrene Strecke berechnet. In Ballungsgebieten und auf Stadtautobahnen wird teilweise auch eine Pauschalmaut erhoben. Bezahlt wird mit Bargeld und manchmal auch per Kreditkarte. Wer das in Stoßzeiten evtl. lange Warten an der Mautstation umgehen möchte, hat die Möglichkeit, mit dem **Telepass**, einem elektronischen Empfänger, der an der Windschutzscheibe angebracht wird, und den dafür an den Mautstationen extra ausgewiesenen Fahrspuren schneller voranzukommen. Bei diesem System wird die gefahrene Strecke automatisch erfasst und die anfallenden Gebühren über das Konto oder die Kreditkarte abgerechnet. Registrieren kann man sich unter www.tolltickets.com. Die Fahrt über die Autobahn vom Brenner bis nach Riva (ca. 140 km) kostet rund 12 €.

079mg©Berg Andrey, stock.adobe.com

Einen **Mautrechner** (ital./engl.) findet man hier:

› www.autostrade.it

Mit dem Zug

Unmittelbar am Gardasee existieren nur in **Desenzano del Garda** 51 und **Peschiera del Garda** 59 am Südufer Bahnhöfe. Sie sind aus Deutschland, Österreich und der Schweiz **über Verona oder Mailand** zu erreichen. Von Düsseldorf nach Verona via München zahlt man z. B. ca. 200 € (Flexpreis ohne Zugbindung), ab München sind es rund 80 €. Wer frühzeitig bucht und die Hauptreisetage meidet, kann erheblich günstiger reisen. Auf der Strecke Verona – Mailand verkehren teils halbstündlich Züge. Von Verona benötigt man knapp 15 Min. nach Peschiera, nach Desenzano sind es rund 20 Min.

Eine weitere Möglichkeit ist die **Anreise über Rovereto,** das sich nordöstlich des Gardasees befindet. Der Bahnhof von Rovereto ist etwa 20 km von Riva entfernt. Die Deutsche Bahn und der ÖBB bieten täglich fünf Verbindungen von München nach Rovereto an.

Aus Hamburg fährt allabendlich ein **Nachtzug** bis Innsbruck. Von dort ist in kurzer Zeit (schon am Vormittag) die Zielregion erreicht. Ab München verkehrt ein ÖBB-Nachtzug direkt zum Gardasee (Halt in Peschiera und Desenzano). Nähere Infos:

› www.nightjet.com

Mit dem Bus

Der **Fernbusanbieter Flixbus** (www.flixbus.de) fährt kostengünstig in die Region, etwa von Düsseldorf über Frankfurt (Umstieg) nach Verona (Fahrzeit 15–19 Std.). Von München nach Verona kommt man in ca. 6 Std. ohne Umstieg. Ab Berlin fährt man via München oder Leipzig und Trient (2 Umstiege, Fahrzeit ca. 20–25 Std.).

Mit dem Zug ist vor allem der Süden des Gardasees gut zu erreichen

068mg-ts

Mit dem Flugzeug

In nächster Nähe zum Gardasee existieren zwei Flughäfen: Der **Flughafen von Verona** (VRN, www.aeroportoverona.it) und der **Flughafen von Brescia** (VBS, www.aeroportobrescia.it). Von beiden beträgt die Fahrzeit zum Südufer des Sees rund 30 Min. Weitere Anreiseoptionen auf dem Luftweg sind die Flughäfen von Mailand (ca. 160 km nach Desenzano), Bergamo (ca. 80 km nach Desenzano) oder Bozen (ca. 100 km nach Riva).

Die meisten **Flüge** aus Deutschland, Österreich und der Schweiz gehen zum Flughafen von Verona, z. B. bei Lufthansa ohne Umstieg ab Frankfurt. Ryanair bietet Non-Stop-Flüge u. a. ab Berlin, Hamburg und Nürnberg an, mit Eurowings fliegt man direkt ab Köln/Bonn. Unzählige weitere Fluggesellschaften fliegen ebenfalls Verona an, jedoch muss man häufig mindestens einmal umsteigen.

Ein **Economy-Ticket** hin und zurück nach Verona bekommt man je nach Jahreszeit bzw. Saison und Aufenthaltsdauer ab 200 € (inkl. Steuern und Gebühren). Preiswerter geht es nur, wenn man sehr früh online bucht.

Um vom Flughafen Verona an den **Urlaubsort** am Gardasee zu gelangen, gibt es mehrere Varianten. Zunächst besteht die Möglichkeit, direkt am Flughafen einen **Mietwagen** auszuleihen bzw. den im Heimatland gebuchten Pkw (dies ist oft günstiger) abzuholen. Außerdem bieten viele Hotels und auch Campingplätze, insbesondere am südlichen Gardasee, einen **Shuttle-Service** zum Urlaubsort an, die Kosten sollte man jeweils bei der Unterkunft erfragen.

Da der Flughafen von Verona keine Zuganbindung besitzt, muss man, um zum Hbf. (Porta Nuova) im Citybereich zu kommen, den alle 20 Min. verkehrenden Bus **Verona Airlink** nehmen (ca. 15 Min. Fahrt, 7 €). Nähere Infos:

› www.atv.verona.it/DE/Flughafen_Catullo

Autofahren

Vor allem in den Sommermonaten bzw. zu Ferienzeiten kann es auf der **Gardesana**, der zumeist am Seeufer um den Gardasee führenden Straße, zu kilometerlangen **Staus** kommen. Die Gardesana ist zwar allgemein in sehr gutem Zustand, jedoch an manchen Stellen verengt, vor allem im Bereich der **Tunnel** am Westufer – bei entgegenkommenden Lkw oder Bussen muss man daher hin und wieder vorsichtshalber anhalten. Fährt man in die angrenzenden Berge, muss man mit teilweise engen und **kurvenreichen Straßen** rechnen.

Autofahrer sollten den nationalen **Führerschein** und den **Fahrzeugschein** bei sich haben. Eine grüne **Versicherungskarte** wird in der Regel nur bei Unfällen verlangt. Hilfreich kann der Auslandsschutzbrief eines Automobilclubs sein.

Tankstellen gibt es in Italien bzw. am Gardasee mehr als ausreichend. Die Öffnungszeiten variieren, an den Wochenenden und an Feiertagen sind sie oft geschlossen. Nicht immer werden Kreditkarten akzeptiert. An den Autobahntankstellen, wo der Sprit allerdings wesentlich teurer ist, ist dies aber in der Regel der Fall.

In den größeren Städten und Ortschaften findet man ausreichend **kostenpflichtige Parkplätze und Parkhäuser**, die sich teils unmittelbar in Zentrumsnähe befinden. Nur in der Hochsaison kann man ab und an vor einem vollen Parkplatz stehen, es gibt jedoch fast immer eine Ausweichmöglichkeit, auch wenn diese etwas weiter vom Stadtkern oder dem Besuchsziel entfernt liegt. Die Preise variieren: Je näher am Zentrum bzw. an einer Sehenswürdigkeit und je touristischer der Ort, desto höher sind die Gebühren. Konkrete Angaben zu Parkmöglichkeiten stehen im ersten Teil des Buches beim jeweiligen Ort.

Verkehrsregeln

- Auch tagsüber muss man auf Autobahnen und außerhalb geschlossener Ortschaften das **Abblendlicht** einschalten.
- Autofahrer sind verpflichtet, eine **Warnweste** zu tragen, wenn sie das Fahrzeug außerhalb von geschlossenen Ortschaften verlassen und sich im Bereich der Fahrbahn aufhalten, insbesondere bei Pannen und Unfällen.
- Innerhalb geschlossener Ortschaften gilt ein **Tempolimit** von 50 km/h, außerhalb von 90 km/h, auf den Autobahnen 130 km/h. Bei Verstößen drohen empfindliche Bußgelder.
- Die **Promillegrenze** liegt bei 0,5 ‰. Für Personen, die weniger als drei Jahre im Besitz der Fahrerlaubnis sind, besteht ein absolutes Alkoholverbot.

Barrierefreies Reisen

Für Menschen mit Gehbehinderung oder solche, die auf einen Rollstuhl angewiesen sind, ist die Region eine Herausforderung. In den historischen Ortskernen sind die **Gassen** oft kopfsteingepflastert, eng und gerade im Norden und an den Flanken des Monte Baldo 76 am Ostufer steil ansteigend. Viele **Restaurants und Geschäfte** haben keinen ebenerdigen Eingang. Dafür sind zahlreiche **Uferpromenaden** flach und breit, etwa in Riva 1 oder Salò 42. Gut geeignet für einen Ausflug auf den Monte Baldo ist die **barrierefreie Seilbahn** ab Malcesine 77. Auch der **Panorama-Aufzug zur Bastione** 10 in Riva kann mit einem Rollstuhl genutzt werden.

Zahlreiche **Hotels und Ferienwohnungen** am Gardasee sind barrierefrei konzipiert und es werden immer mehr behindertengerechte **Bushaltestellen** eingerichtet, etwa auf den Linien 1 und 2 von Riva nach Arco 18.

Weiterführende Infos über barrierefreie Angebote in der Region liefern diese Websites:

- www.gardatrentino.it/de/planen/von-a-bis-z/menschen-mit-behinderung
- https://wheeliewanderlust.de/gardasee-mit-rollstuhl (privater Blog)

Die „Strada della Forra" (s. S. 44) bietet ein kurviges Abenteuer am Westufer des Sees. Ampeln regeln hier die Tunnelzufahrt.

Elektrizität

In den meisten Hotels und Unterkünften wurden die auch in Deutschland verwendeten **Eurosteckdosen** verbaut. Nur noch selten benötigt man einen **Adapter**, nämlich dann, wenn es sich um eine Steckdose vom Typ L handelt: Diese hat drei nebeneinanderliegende runde Öffnungen. Die **Netzspannung** beträgt – genauso wie in Deutschland – 230 V.

Gardasee preiswert

- Die **Garda Guest Card** ist eine bei den Tourismusbüros des nördlichen Gardasees (in der Region Garda Trentino) und in dortigen Kooperationsunterkünften erhältliche, kostenfreie Werbekarte, die in vielen Sehenswürdigkeiten ermäßigten bzw. freien Eintritt gewährt. Dazu zählen etwa das Castello di Arco (19), die Wasserburg Rocca (5) in Riva del Garda (1), das dortige Wasserkraftwerk (s. S. 27) oder der Schrägaufzug Ascensore panoramico Bastione (10). Auch der öffentliche Nahverkehr ist für Karteninhaber kostenfrei. Weitere Infos: www.gardatrentino.it/de/planen/garda-guest-card.
- Zusätzlich gibt es die drei Tage gültige, von bestimmten Hotels rund um den Gardasee verteilte **Garda Promotions Card**, die ebenfalls Ermäßigungen für verschiedenste Attraktionen gewährt, in diesem Fall im gesamten Seegebiet. Details und teilnehmende Attraktionen: http://promotioncard.navigazionelaghi.it oder www.gardasee.de/garda-promotions-card.

Geldfragen

In nahezu jedem Ort am Gardasee findet man ausreichend **Geldautomaten**, an denen man mit einer **Debit- (Girocard)** oder **Kreditkarte** Geld abheben kann.

Möglich ist auch das **bargeldlose Zahlen** im Geschäft mit der Bank- bzw. Kreditkarte oder per Smartphone. Dafür darf die Hausbank innerhalb der Euro-Länder keine Gebühr für den Auslandseinsatz veranschlagen (für Schweizer wird ein Entgelt von 1–2 % des Umsatzes berechnet). Die gängigen Kreditkarten werden in den meisten Fällen auch bei der Kartenzahlung akzeptiert.

Das **Preisniveau** ist vergleichbar mit dem in Deutschland oder Österreich. Wer in exponierter Lage mit Seeblick oder in den Touristenhochburgen wie Limone (25), Sirmione (55) oder Malcesine (77) ein Restaurant oder ein Hotel wählt, zahlt natürlich mehr.

Hunde

Hunde müssen bei der Einreise nach Italien über einen **Mikrochip** bzw. eine klar lesbare Tätowierung identifizierbar sein. Außerdem muss ein gültiger **EU-Heimtierausweis** vorliegen, in dem die erfolgte **Tollwut-Impfung** eingetragen ist. Tiere, die jünger als drei Monate sind und keine Tollwut-Impfung erhalten haben, dürfen nicht mit nach Italien gebracht werden.

An öffentlichen Orten, in den Städten am Gardasee und in Restaurants besteht grundsätzlich **Leinenpflicht**. In einigen Orten gibt es ausgeschilderte **Hundestrände**.

Auch Hunde sind am Gardasee willkommen

Informationsquellen

Gardasee im Internet

Jede der **drei Gardasee-Provinzen** verfügt über eine eigene gut strukturierte Website, die auch auf Deutsch vorliegt und Gäste über Sehenswertes, Restaurants, Unterkünfte, Aktivitäten, Veranstaltungen und vieles mehr informiert:

- **www.gardatrentino.it:** Internetpräsenz der Region Trentino
- **www.gardalombardia.de:** Website der Provinz Lombardia
- **www.lagodigardaveneto.com:** Internetseite der Region Veneto
- **www.italia.it/en/italy/lake-garda-endless-emotions:** Auf der Website des Italienischen Fremdenverkehrsamtes gibt es eine Unterseite zum Gardasee mit touristisch relevanten Infos auf Englisch.
- **www.gardasee.de:** kommerzielle, deutschsprachige Internetseite, die aktuelle, gut recherchierte Informationen zu allen Orten und Themen des Gardasees liefert

Infostellen am Gardasee

Touristische Infobüros gibt es in den wichtigsten Orten am See. Sie geben ausführliche Auskünfte und halten Prospekte zu Unterkünften, Outdooraktivitäten, Schiffsverbindungen oder Restaurants bereit. Oft kann Kartenmaterial für Wanderungen oder Radtouren erworben werden. Meist wird – mehr oder weniger gut – Deutsch gesprochen. Konkrete Adressen finden sich im ersten Teil des Buches unter „Infos und Reisetipps".

Publikationen und Medien

Informationen über Veranstaltungen, Restaurants, Bus- und Schiffsverkehr, Hotels und manch andere interessante Neuigkeit erhält man in der vor Ort kostenlos ausliegenden, deutschsprachigen **Gardasee Zeitung**, die monatlich erscheint (www.gardaseezeitung.it).

069mg-ts

Smartphone-Apps

- **1, 2, 3 Musei del Garda:** spannende App, die das Castello Scaligero 56 und die Grotten des Catull 58 in Sirmione sowie die Villa Romana 52 in Desenzano lebendig werden lässt, u. a. mit 3D-Ansichten, Filmaufnahmen und Augmented Reality (auch auf Deutsch, kostenlos für Android und iOS).
- **DreamLake:** Anzeige aller Fähranleger auf einer Karte und aktuelle Fahrpläne, zusätzlich Infos über Attraktionen rund um den See (auf Englisch, kostenlos für Android und iOS)
- **Gardasee Zeitung:** App der deutschsprachigen Zeitung mit aktuellen Nachrichten und Veranstaltungstipps zur Region. Registrierung erforderlich (kostenlos für Android).

- **Lago di Garda iTown:** offizielle App des Tourismusverbands mit Infos zu Orten und Attraktionen. Mit Karten, Fotos und Tourempfehlungen (auf Englisch und Deutsch, kostenlos für Android und iOS).

Medizinische Versorgung

In der Hochsaison von Mitte Juni bis Mitte September wird am Gardasee in vielen Orten ein **Guardia Medica Turistica** genannter ärztlicher Notdienst für Urlauber angeboten, der die gesundheitliche Grundversorgung abdeckt. Inhaber der **Europäischen Krankenversicherungskarte** (bei gesetzlich Versicherten meist hinten auf die Gesundheitskarte aufgedruckt) können diese in der Regel kostenlos in Anspruch nehmen. Manchmal muss ein Eigenanteil gezahlt werden, den man sich später von der heimischen Krankenkasse erstatten lassen kann (Quittungen und Arztberichte aufbewahren). In **privaten Arztpraxen** stehen, teils rund um die Uhr, auch deutschsprachige Ärzte und Zahnärzte zur Verfügung. Die Kosten für die Behandlung dort werden von den gesetzlichen Krankenkassen nicht übernommen. Daher kann der Abschluss einer **Auslandskrankenversicherung** sinnvoll sein.

Benötigt man ein Medikament, stehen in nahezu jedem größeren Ort eine oder mehrere **Apotheken** *(farmacia)* zur Verfügung, erkennbar am **grünen Kreuz,** das häufig blinkt. Da italienische Medikamente oft andere Namen als die in Deutschland, der Schweiz oder Österreich geläufigen Produkte besitzen, ist es von Vorteil, den benötigten Wirkstoff zu wissen. Das Mitnehmen eines Beipackzettels kann dabei gute Dienste leisten. Die Preise sind oft deutlich geringer. Die Öffnungszeiten variieren, es gibt aber Apotheken, die bis spätabends und am Wochenende geöffnet haben.

Notfälle

Notruf

- **Medizinischer Notfall:** Tel. 118
- **Polizei:** Tel. 113, www.poliziadistato.it
- **Feuerwehr:** Tel. 115
- **Bootspanne bzw. Notfall auf dem Wasser:** Tel. 1530
- **Pannenhilfe des italienischen Automobilclubs ACI:** Tel. 803116 (kostenfrei)

Kartensperrung

Bei Verlust der **Debit-/Giro-, Kredit- oder SIM-Karte** gibt es für Kartensperrungen eine **deutsche Zentralnummer** (unbedingt vor der Reise klären, ob die eigene Bank bzw. der jeweilige Mobilfunkanbieter diesem Notrufsystem angeschlossen ist). **Aber Achtung:** Mit der telefonischen Sperrung sind die Bezahlkarten zwar für die Bezahlung/Geldabhebung mit der PIN gesperrt, nicht jedoch für das **Lastschriftverfahren mit Unterschrift.** Man sollte daher auf jeden Fall den Verlust zusätzlich bei der Polizei zur Anzeige bringen, um gegebenenfalls auftretende Ansprüche zurückweisen zu können.

In **Österreich** und der **Schweiz** gibt es keine zentrale Sperrnummer, daher sollten sich Besitzer von in diesen Ländern ausgestellten Debit- oder Kreditkarten vor der Abreise bei ihrem Kreditinstitut über den zuständigen Sperrnotruf informieren.

Generell sollte man sich immer die **wichtigsten Daten** wie Kartennummer und Ausstellungsdatum **separat notieren,** da diese unter Umständen abgefragt werden.

- **Deutscher Sperrnotruf:** Tel. +49116116 oder Tel. +493040504050
- **Weitere Infos:** www.kartensicherheit.de, www.sperr-notruf.de

Öffnungszeiten

Die Mehrheit der **Geschäfte** legt eine längere **Mittagspause** ein, auch die morgendlichen Öffnungszeiten variieren. Die folgenden Zeiten mögen daher eine grobe Orientierung sein: Mo.–Sa. ca. 9–12.30/13 und ca. 15.30–19.30 Uhr. In größeren Städten oder touristisch stark frequentierten Ortschaften haben viele Geschäfte auch länger offen oder verzichten auf eine Siesta. Große Einkaufszentren haben abends deutlich länger geöffnet.

Postfilialen öffnen Mo.–Fr. 8.30–14 und Sa. 8.30–13 Uhr. **Banken** stehen Mo.–Fr. 8.30–13.30 Uhr zur Verfügung, **Museen** meistens Di.–So. 9–17 Uhr (Mo. Schließtag).

Restaurants haben in den touristischen Zentren wie Riva 1, Limone 25, Sirmione 55 oder Malcesine 77 in der Hauptsaison meist täglich und durchgehend geöffnet. Erst im Okt./Nov. schließen viele Restaurants und auch einige **Hotels,** um dann im Frühjahr rund um Ostern wiederzueröffnen. Die großen **Freizeitparks** wie Gardaland (s. S. 72) schließen ebenfalls den Winter über.

Post

Postfilialen gibt es in fast allen Orten am Gardasee. **Briefmarken** *(francobolli)* erhält man in der Postfiliale, aber auch in Tabakgeschäften *(tabaccheria).* Für eine Postkarte oder einen Brief bis 20 g nach Deutschland, Österreich oder in die Schweiz zahlt man 1,25 € (Stand MItte 2024).

Sprache

Wer an den Gardasee reist, muss nicht unbedingt perfekt **Italienisch** sprechen. Viele Mitarbeiterinnen und Mitarbeiter in Hotels und Restaurants können teils sehr gut **Deutsch.** Beherrscht man allerdings einige „Brocken" Italienisch, zeigt man Respekt den Einheimischen und ihrer Kultur gegenüber, die dies zu schätzen wissen und ausgesprochen freundlich darauf reagieren. Wird kein Deutsch gesprochen, kommt man oft mit **Englisch** weiter. Hilfreich ist die kleine **Sprachhilfe** (s. S. 131) im Anhang dieses Buches.

Verhaltenstipps

- Bevor man sich im **Restaurant** auf einen freien Platz setzt, sollte man zunächst im Eingangsbereich warten, bis einem ein Platz zugewiesen wird, alles andere gilt als unhöflich. Es ist in Italien nicht üblich, getrennt zu bezahlen.
- Beim **Besuch von Kirchen** ist auf angemessene **Kleidung** zu achten. Männer und Frauen sollten Knie und Schultern bedeckt halten. Männern ist es zudem nicht gestattet, in Kirchen eine Kopfbedeckung zu tragen.
- In **Supermärkten** muss man häufig eine **Nummer ziehen,** um etwa an der Käse- oder Fleischtheke bedient zu werden.

070mg-ts

Gerade in der Hauptsaison sind Restaurants ganztägig geöffnet

080mg©Danny Iacob, stock.adobe.com

Wetter und Reisezeit

Nahezu jede Jahreszeit hat ihre Reize. Im **Sommer** herrschen teils hohe Temperaturen – im **Juli** und **August** kann die Anzeige auf über 30 °C ansteigen. Zusammen mit Wassertemperaturen von mehr als 20 °C ergibt sich somit die beste Zeit für einen Badeurlaub. Während man im Sommer am Seeufer schwitzt, sind die klimatischen Bedingungen in den Bergen rund um Tremosine 26, Tignale 28, den Lago di Ledro 24 und den Monte Baldo 76 gemäßigter und ermöglichen Wandern oder Mountainbiken. Es herrscht allerdings **Hochsaison**, die Preise für Unterkünfte steigen, die Strände und Promenaden sind gut gefüllt und auf der Gardesana steht man oft im Stau.

Hervorragende Bedingungen für ein breit gefächertes Aktivprogramm und Stadtbesichtigungen bestehen im **September** und **Oktober**, wenn die Wetterlage oft stabil und es noch moderat warm ist. Im September endet die Badesaison. Ab **November** schließen viele Hotels und Restaurants, der Gardasee und seine Bewohner machen eine Saisonpause. In dieser Zeit kann man die Region als Urlauber ungestört genießen, wenngleich man mit gehäuften Regentagen rechnen muss, bei noch milden 10 bis 15 °C.

Um die **Adventszeit** lassen sich **Weihnachtsmärkte** (s. S. 111) erkunden und Urlauber genießen am See eine besinnliche Atmosphäre. Im **Januar** und **Februar** wird es am kältesten, vieles ist geschlossen und in den Bergen liegt womöglich Schnee, manchmal auch am Nordufer. Temperaturen unter dem Gefrierpunkt kommen am Seeufer jedoch fast nie vor.

Der **Frühling** erwacht im **März**. Im **April** erreichen die Temperaturen schon wieder die 20-Grad-Marke, es ist aber auch der Monat mit den meisten Regentagen. Ab **Mai** beginnt langsam die Badesaison.

Im Winter kann am Nordufer wie hier in Riva 1 auch mal Schnee fallen

Wetter am Gardasee

Durchschnitt	Jan	Febr	März	Apr	Mai	Juni	Juli	Aug	Sept	Okt	Nov	Dez
Maximale Temperatur	7°	10°	14°	18°	24°	28°	30°	30°	25°	18°	12°	8°
Minimale Temperatur	0°	1°	4°	8°	13°	17°	19°	19°	15°	10°	5°	0°
Regentage	7	7	8	8	8	8	6	7	5	7	9	6
Wassertemperatur	8°	8°	10°	14°	17°	20°	22°	23°	20°	17°	12°	9°

Kleine Sprachhilfe Italienisch

Die Sprachhilfe entstammt dem Kauderwelsch-Sprachführer **„Italienisch – Wort für Wort“** aus dem REISE KNOW-HOW Verlag.

Aussprache

Hier sind diejenigen Buchstaben(kombinationen) aufgeführt, deren Aussprache abweichend vom Deutschen ist bzw. sein kann.

ie, ai, eu	Doppellaute werden immer getrennt ausgesprochen, also „i-e“, „a-i“, „e-u“.
c	wie „k“ vor den Selbstlauten a, o, u; wie „tsch“ in „Matsch“ vor den Selbstlauten e, i
ch	wie „k“
g	wie „g“ vor den Selbstlauten a, o, u; wie „dsch“ in „Dschungel“ vor den Selbstlauten e, i
gh	wie „g“
gli	wie „lj“
gn	wie „nj“ in „Tanja“
h	stumm, wird nicht gesprochen
r	gerolltes Zungenspitzen-r
s	am Wortanfang immer stimmloses „s“ wie in „Bus“; in der Wortmitte zwischen Selbstlauten stimmhaftes „s“ wie in „Rose“
st	spitzes „st“ wie in „Hast“
v	wie „v“ in „Vase“
z	stimmhaftes „ds“ wie in „Rundsaal“

Zahlen

0	*zero*	16	*sedici*	50	*cinquanta*
1	*uno*	17	*diciassette*	60	*sessanta*
2	*due*	18	*diciotto*	70	*settanta*
3	*tre*	19	*diciannove*	80	*ottanta*
4	*quattro*	20	*venti*	90	*novanta*
5	*cinque*	21	*ventuno*	100	*cento*
6	*sei*	22	*ventidue*	200	*duecento*
7	*sette*	23	*ventitré*	300	*trecento*
8	*otto*	24	*ventiquattro*	400	*quattrocento*
9	*nove*	25	*venticinque*	500	*cinquecento*
10	*dieci*	26	*ventisei*	600	*seicento*
11	*undici*	27	*ventisette*	700	*settecento*
12	*dodici*	28	*ventotto*	800	*ottocento*
13	*tredici*	29	*ventinove*	900	*novecento*
14	*quattordici*	30	*trenta*	1000	*mille*
15	*quindici*	40	*quaranta*	2000	*duemila*

Die wichtigsten Richtungsangaben

(a) sinistra	(nach) links	*indietro*	zurück
(a) destra	(nach) rechts	*vicino*	nah
diritto	geradeaus	*lontano*	weit

qui, qua	hier	*tornare*	zurückgehen
lì, là	dort	*all'angolo*	an der Ecke
accanto	nebenan	*all'incrocio*	an der Kreuzung
di fronte	gegenüber	*al semaforo*	an der Ampel
davanti	vor, vorne	*in centro*	im Zentrum
svoltare	abbiegen	*fuori città*	außerhalb der Stadt

Die wichtigsten Fragewörter

chi?	wer?	*quando?*	wann?
che (cosa)?	was?	*perchè?*	warum?
come?	wie?	*quanto?*	wie viel?
dove?	wo(hin)?	*quanti/-e?*	wie viele?
di/da dove?	woher?	*quale?*	welche(r)?

Die wichtigsten Zeitangaben

oggi	heute	*a mezzogiorno*	mittags
domani	morgen	*di pomeriggio*	nachmittags
ieri	gestern	*di sera*	abends
adesso, ora	jetzt	*di notte*	nachts
subito	sofort	*lunedì*	Montag
sempre	immer	*martedì*	Dienstag
mai	nie	*mercoledì*	Mittwoch
ancora	noch	*giovedì*	Donnerstag
prima	vorher	*venerdì*	Freitag
dopo	nachher	*sabato*	Samstag
di mattina	morgens	*domenica*	Sonntag

Die wichtigsten Fragen

Gibt es ...?	*C'è ...?*
Ich brauche ...	*Ho bisogno di ...*
Ich möchte / Ich will ...	*Vorrei ... / Voglio ...*
Geben Sie mir bitte ...	*Mi dia ..., per favore.*
Wo kann man ... kaufen?	*Dove si può comprare ...?*
Wie viel kostet ...?	*Quanto costa / viene ...?*
Wie viel kostet das?	*Quanto costa?*
Was ist das?	*Che cosa è questo?*
Wo ist / befindet sich ...?	*Dov'è ...?*
Ich möchte nach ... fahren	*Vorrei andare a ...*
Wie komme ich nach ...?	*Come faccio ad andare a ...?*
Wie viel kostet die Fahrt nach?	*Quanto costa il viaggio per ...?*
Ist das der Zug nach ...?	*È questo il treno per ...?*
Wann fährt der Bus nach ... ab?	*A che ora parte l'autobus per ...?*
Bringen Sie mich bitte zu / nach ... (im Taxi)	*Mi porti a ..., per favore.*

+++ Die wichtigsten Wörter mit dem Bonus-Audiotrack des Kauderwelsch-

Die wichtigsten Floskeln und Redewendungen

ja - nein	*sì - no*
bitte (um etw. bitten)	*per favore*
Bitte schön! (anbieten)	*Prego!*
(Vielen) Dank!	*Grazie (tanto)!*
Keine Ursache!	*Di niente! / Non c'è di che!*
Guten Morgen / Tag!	*Buongiorno!*
Guten Abend!	*Buona sera!*
Herzlich willkommen!	*Benvenuto!/Benvenuta!*
Wie geht es dir / Ihnen?	*Come stai / sta?*
(Sehr) gut. - Schlecht.	*(Molto) bene. - Male.*
Auf Wiedersehen! (du/Sie)	*Arrivederci! / ArrivederLa!*
Hallo!, Tschüss!	*Ciao!*
Bis später! / Bis morgen!	*A più tardi! / A domani!*
In Ordnung!	*Va bene!, D'accordo!*
Ich weiß (es) nicht.	*Non (lo) so.*
Guten Appetit!	*Buon appetito!*
Zum Wohl!, Prost!	*Salute!, Cin cin!*
Ich heiße ...	*Mi chiamo ...*
Entschuldige/n Sie!	*Scusa! / Scusi!*
Es tut mir leid!	*Mi dispiace.*
Gestatten!, Darf ich?	*Permesso?*
(Sehr) gern!	*(Molto) volentieri!*
Sag / sagen Sie mir!	*Dimmi! / Mi dica!*
Helfen Sie mir bitte!	*Mi aiuti, per favore!*
Hilfe!	*Aiuto!*

Nichts verstanden? – Weiterlernen!

Ich spreche nicht gut Italienisch.	*Non parlo bene l'italiano.*
Ich möchte Italienisch lernen.	*Vorrei imparare l'italiano.*
Wie bitte?	*Come?*
Was haben Sie gesagt?	*Come ha detto?*
Ich habe nicht verstanden!	*Non ho capito!*
Sprechen Sie Englisch?	*Parla l'inglese?*
Wie sagt man auf Italienisch?	*Come si dice in italiano?*
... auf Deutsch	*... in tedesco*
... auf Englisch	*... in inglese*
... auf Französisch	*... in francese*
... auf Niederländisch	*... in olandese*
Wie spricht man dieses Wort aus?	*Come si pronuncia questa parola?*
Wiederholen Sie bitte!	*Ripeta, per favore!*
Können Sie bitte langsamer sprechen?	*Può parlare più lentamente, per favore?*
Können Sie mir das bitte aufschreiben?	*Me lo può scrivere, per favore?*

Im Restaurant bestellen

Können wir bitte die Speisekarte/ Getränkekarte haben?	*Possiamo avere il menù/la lista delle bevande, per favore?*
Wir möchten bitte bestellen.	*Vorremmo ordinare.*
Was können Sie uns empfehlen?	*Cosa ci consiglia?*
Was ist das Tagesgericht?	*Cos'è il piatto del giorno?*
Was sind die Spezialitäten der Gegend?	*Quali sono le specialità della regione?*
Ich nehme als Vorspeise/ersten Gang/ zweiten Gang ...	*Prendo come antipasto/primo piatto/ secondo piatto ...*
Die Rechnung, bitte.	*Il conto, per favore.*
Stimmt so, danke.	*Va bene così, grazie.*

Die wichtigsten Begriffe im Restaurant

menù (m)	Speisekarte	*antipasto*	Vorspeise
primo	erster Gang	*secondo*	zweiter Gang
dessert (m)	Nachspeise	*porzione (w)*	Portion
piatto del giorno	Tagesgericht	*lista delle bevande*	Getränkekarte
piatto	Teller	*tazza*	Tasse
vino	Wein	*birra*	Bier
acqua	Wasser	*pane (m)*	Brot
bottiglia	Flasche	*bicchiere (m)*	Glas
coperto	Gedeck	*posate*	Besteck
forchetta	Gabel	*coltello*	Messer
cucchiaio	Löffel	*minestra*	Suppe
carne (w)	Fleisch	*pesce (m)*	Fisch
frutta	Obst	*verdura*	Gemüse
contorno	Beilage	*insalata*	Salat

Die wichtigsten Einkaufsfloskeln

Ich suche ...	*Cerco ...*
Haben Sie ...?	*Ha ...?*
Wo kann ich ... finden?	*Dove posso trovare ...?*
Gibt es hier einen Markt?	*C'è un mercato qui?*
Wo ist der nächste Supermarkt?	*Dov'è il supermercato più vicino?*
Könnten Sie mir bitte helfen?	*Mi potrebbe aiutare, per cortesia?*
Ich hätte gern ...	*Vorrei ...*
Geben Sie mir bitte ...	*Mi dà ..., per favore.*
Wie viel kostet das?	*Quanto costa?*
Wie viel kostet das Kilo?	*Quanto costa al chilo?*
Etwas weniger/mehr, bitte.	*Un po' di meno/più, per favore.*
Danke, das genügt.	*Basta così, grazie.*
Danke, das ist alles.	*Grazie, è tutto.*
Um wie viel Uhr öffnen/schließen Sie?	*A che ora apre/chiude?*

Register

Impressum

Thilo Scheu

MeinTrip Gardasee

1. Auflage 2024

ISBN 978-3-8317-3900-4

Printed in Germany

Druck und Bindung:
mediaprint solutions GmbH, Paderborn

Herausgeber: Ulrich Kögerler, Klaus Werner
Layout: amundo media GmbH (Umschlag, Inhalt), Peter Rump (Umschlag)
Lektorat: amundo media GmbH
Karten: Ingenieurbüro K. Wendler, amundo media GmbH
Anzeigenvertrieb: KV Kommunalverlag GmbH & Co. KG, Alte Landstraße 23, 85521 Ottobrunn, Tel. 089 928096-0, info@kommunal-verlag.de
Kontakt: Reise Know-How Verlag Peter Rump GmbH, Osnabrücker Str. 79, 33649 Bielefeld, Deutschland, Tel. +49-521-946490, info@reise-know-how.de

Alle Angaben in diesem Buch sind gewissenhaft geprüft. Preise, Öffnungszeiten usw. können sich jedoch schnell ändern. Für eventuelle Fehler übernehmen Verlag wie Autor keine Haftung.

Bildnachweis

Umschlagvorderseite: ©xbrchx, stock.adobe.com | Umschlagrückseite: ©Francesco Berardi, stock.adobe.com | Umschlagklappe rechts: ©BirgitMundtÖsterw., stock.adobe.com | S. 4: ©Figurniy Sergey/www.figurniy.com, stock.adobe.com

Soweit ihre Namen nicht vollständig am Bild vermerkt sind, stehen die Kürzel an den Abbildungen für die folgenden Fotografen, Firmen und Einrichtungen. Thilo Scheu: ts

REISE KNOW-HOW
@ReiseKnowHow
@reiseknowhowverlag
@Reise_KnowHow
auf www.reise-know-how.de
für den Newsletter anmelden
Zugspitze. Foto: Aneta Niemitz
Wohnmobil-Tourguide | Kauderwelsch | Landkarten | Soul Places

Benutzungshinweise

Orientierungssystem

Die in diesem Buch beschriebenen Attraktionen sind jeweils mit einer **fortlaufenden magentafarbenen Nummer (1)** gekennzeichnet, die sich als Ortsmarke im Faltplan oder Ortsplan wiederfindet. Steht die Nummer im Fließtext, verweist sie auf die ausführliche Beschreibung dieser Attraktion.

Alle weiteren Points of Interest wie Unterkünfte, Restaurants oder Cafés tragen ein **Symbol und eine fortlaufende rote Nummer (1)**.

Die Angabe in **eckigen Klammern** verweist auf das Planquadrat im Faltplan bzw. auf die Seitenzahl des Ortsplans. Beispiele:
67 Bardolino ★★★ [D7]
58 [S. 144] Osteria al Torcol €€

Befinden sich Points of Interest außerhalb der Ortspläne, kann ihre Lage wie die aller Ortsmarken mithilfe der **begleitenden Web-App** (s. S. 143) angezeigt werden: **www.reise-know-how.de/meintrip/gardasee24**

Der Schmetterling …

zeigt an, wo man Angebote im Bereich des nachhaltigen Tourismus findet.

MEIN TIPP

Persönliche Empfehlungen des Autors bzw. der Autoren.

Kinder-Tipps

Das Symbol kennzeichnet Sehenswertes, Unterkünfte und Aktivitäten, an denen auch kleine Urlauber ihre Freude haben.

Geografische Bezeichnungen

Corso	Hauptstraße
Piazza/Largo	Platz
Strada Provinciale	Von der Provinz verwaltete Straße
Via	Straße
Viale	Allee/Weg
Vicolo	Gasse

Preiskategorien

Gastronomie

Die Preise gelten für ein *secondo piatto,* also ein Hauptgericht ohne Getränk und *coperto* (Gedeck).

€	bis 15 €
€€	15–25 €
€€€	ab 25 €

Unterkünfte

Die Preise verstehen sich für ein Doppelzimmer in der Hauptsaison ohne Frühstück.

€	bis 100 €
€€	100–150 €
€€€	ab 150 €

Updates zum Buch

www.reise-know-how.de/meintrip/gardasee24

Vorwahlen

- **Italien:** 0039
- **Deutschland:** 0049
- **Österreich:** 0043
- **Schweiz:** 0041

Die Telefonnummern in diesem Buch sind stets mit der Ortsvorwahl, aber ohne die Ländervorwahl Italiens angegeben. Mobilfunknummern beginnen immer mit einer 3.

Zeichenerklärung

- Sehenswürdigkeit

- Aussichtspunkt
- Bar
- Biergarten, Kneipe
- Burg, Festung
- Burgruine
- Café, Eisdiele
- Campingplatz
- Denkmal
- Fährhafen
- Flughafen, Flugplatz
- Geschäft, Kaufhaus, Markt
- Höhle, Grotte
- Hotel, Unterkunft
- Informationsstelle
- Jugendherberge, Hostel
- Kirche, Kapelle
- Kirchenruine
- Kloster
- Krankenhaus, Arzt
- Leuchtturm
- Museum
- Parkplatz/-haus
- Pension, Bed and Breakfast
- Restaurant
- Sehenswürdigkeit
- Sonstiges
- Sport-/Spieleinrichtung
- Strand
- Surfspot
- Vegetarisches Lokal

- Haltepunkt/Bahnhof
- Wanderungen 1, 2 und 3 (s. S. 98, S. 100 und S. 102)

Gardasee mit PC, Smartphone & Co.

QR-Code auf dem Umschlag scannen oder **www.reise-know-how.de/meintrip/gardasee24** eingeben und die **kostenlose Web-App** aufrufen (Internetverbindung zur Nutzung nötig)!

★**Anzeige der Lage und Satellitenansicht aller** beschriebenen Sehenswürdigkeiten und weiteren Orte
★**Routenführung** vom aktuellen Standort zum gewünschten Ziel
★**Exakter Verlauf** der empfohlenen Wanderungen
★**Audiotrainer** der wichtigsten Wörter und Redewendungen
★**Updates** nach Redaktionsschluss

GPS-Daten zum Download

Die GPS-Daten aller Ortsmarken und Wanderungen stehen auf der Produktseite des Titels auf www.reise-know-how.de zum Download zur Verfügung.

Riva del Garda
0 200 m
© Reise Know-How 2024
18 Arco
22 Parco Grotta Cascata Varone
15
45
45bis
240
Galleria Monte Englo
Via Ardaro
Viale dei Tigli
Viale Trento
Viale 28 Giugno
Via Riccamboni
Via Galas
V. L. Storck
V. F. Guella
Viale Barrufaldi
8 Chiesa di Santa Maria Inviolata
Viale Cannella
Madruzzo
V. Monte Oro
Viale G. Prati
Viale C.A. Pilati
Terme Romane 7
Viale Roma
Via N. Pernici
Viale Alberti-Lutti
Viale Mar. tiri
San Michele
Viale D. Chiesa
Viale C. Vannetti
Via Boschetto
Porta San Marco
Porta San Michele
Viale Dante Alighieri
20
Piazza Cavour
Giardini Verdi
V. S. Francesco
V. Marocco
V. Florida
Marocco-Viertel 9
17
16
Piazza San Rocco
Via Fiume
V. Concordia
V. Lipella
21
Piazza delle Erbe
6 Chiesa di Santa Maria Assunta
Piazza Stazione
V. F. Filzi
13
22
Alter Bahnhof
Viale G. Caducci
2
Palazzo Pretorio und Palazzo Municipale
4
V. Mazzini
12
Piazza Garibaldi
V. Liberazione
Via Maroni
Giardini Porta Orientale
Bastione
Porta Bruciata
Piazza III Nov.
2
3 Torre Apponale
Piazza Battista
14
Circonvallazione
Ascensore panoramico Bastione (Panorama-Aufzug) 10
Schiffsanleger
Tretboot-fahren
5 Wasserburg Rocca mit Museo Alto Garda (MAG)
Piazza Catena (Kettenplatz)
Spiaggia degli Olivi
Fraglia Vela
Torrente di Varone
Centrale Idroelettrica di Riva del Garda (Wasserkraftwerk)
23
Via G. Cis
Parco Miralago
Punta Lido
Spiaggia Sabbioni
Gardasee